114 Strategien, Mentale Taktiken Und Übungen Fürs Tennis

Verbessere Dein Spiel In 10 Tagen

Joseph Correa

"Lerne, wie du mentale und körperliche Fähigkeiten entdeckst, von denen du vorher nicht einmal wusstest, dass du sie hast."

COPYRIGHT

Copyright 2016 Finibi Inc

Alle Rechte vorbehalten. Dieses Buch oder Auszüge dessen darf nicht reproduziert oder in anderer Weise genutz werden ohne schriftliche Genehmigung des Verlegers – ausgenommen hiervon sind kurze Zitate mit Verweis auf dieses Buch.

Das Scannen, Hochladen und Verbreiten dieses Buches über das Internet oder andere Medien ohne die ausdrückliche Genehmigung des Verlegers oder Autors sind illegal und verstoßen gegen das Gesetz.

Kaufe nur autorisierte Editionen dieses Buches. Bitte konsultiere deinen Arzt bevor du trainierst und dieses Buch nutzt.

EINLEITUNG

Strategie spielt beim Wettkampftennis eine wichtige Rolle und das Wissen, diese Strategien anzuwenden, kann dabei helfen, mehr Spiele gegen noch bessere Gegner zu gewinnen. Diese Strategien werden dir drei Dinge ermöglichen:

1. Die Vorbereitung auf einen speziellen Spielstil.

2. Du wirst wissen, welche Gegenstrategien genutzt werden können, um am effektivsten einen Wettkampf zu bestreiten.

3. Wie man diese Strategien basierend auf deinem Spielstil anwendet.

Dieses Buch über Tennisstrategie und mentale Taktiken hat Taschenbuchgröße und sollte in deiner Tennistasche oder wo auch immer du es am wahrscheinlichsten siehst aufbewahrt werden. Nur so bist du jederzeit bereit die Strategie anzuwenden, die am nützlichsten für das Match sein wird.

Punktübungen und fortgeschrittene Übungen machen Spaß und begeistern die Spieler, die sie ausführen. Manchmal mag es dir schwer fallen, einige der Seilübungen durchzuführen, aber gib nicht auf. Arbeite weiter hart an dir und du wirst es irgendwann schaffen. Diese ungewöhnliche Art zu trainieren wird dir helfen, deine allgemeine Kontrolle über hohe Bälle, niedrige Bälle, hohe Topspins und flache Schlenzer zu verbessern. Du wirst außerdem deine Fähigkeit verbessern, den Ball an bestimmte Stellen zu lenken und die Schläge deutlich konsistenter auszuführen. Wenn du dieses Training beendet hast, wirst du dich als ein vollwertiger Tennisspieler fühlen und es genießen, deinen Kontrahenten das Leben so schwer wie nie zu machen.

Wenn du ein Anfänger oder Fortgeschrittener bist, kannst du diese Übungen dennoch machen, da sie dich nur besser machen können, als du bislang schon bist – es mag nur etwas Ausdauer erfordern, bis du sie richtig durchführst.

Die Grundannahme dieses Buches ist, dass du Rechtshänder bist, aber du kannst einfach das Gegenteil machen, wenn du Linkshänder bist. Dies wurde gemacht, um die Dinge einfach zu halten, aber gilt sowohl für Rechts- als auch für Linkshänder.

ÜBER DEN AUTOR

Hallo, mein Name ist Joseph Correa und ich trainiere und unterrichte Tennis seit über 15 Jahren. Ich habe Jahre lang professionell Tennis gespielt und bin nun ein von der USPTR lizensierter Coach.

Nach Jahren des Wettkampfes und Trainings mit einigen der Besten der Welt habe ich gelernt, dass die meisten Menschen sehr erfolgreich im Wettkampf sein können, wenn sie das richtige mentale, physische und emotionale Training haben.

Um dein Ziel zu erreichen, müssen bewiesene wissenschaftliche Techniken, Übungen und Schritt-für-Schritt-Anleitungen durchgeführt werden. Aus diesem Grund habe ich die ersten Trainings-DVDs und Bücher entworfen, um zu zeigen, wie du deine Ziele erreichst.

Durch meine Arbeit und Lehrhilfen habe ich hunderten Amateuren und professionellen Tennisspielern geholfen, ihre physischen, mentalen und leistungsorientieren Ziele voranzutreiben und großartige Erfolge zu erzielen.

Ich lehre dich alles, was ich weiß und was dir hilft, deine Ziele zu erreichen und hoffe, dass dir die Übungen Spaß machen und du sie mit anderen teilst. Um mehr über die verschiedenen Lektionen zu lernen, besuche www.tennisvideostore.com. Viele weitere Bücher werden dieses Jahr herauskommen mit einigen fortgeschrittenen Übungen und Techniken.

INHALTSVERZEICHNIS

COPYRIGHT

EINLEITUNG

ÜBER DEN AUTOR

BENÖTIGTE MATERIALIEN UND AUFBAU

KAPITEL 1: STRATEGIEN GEGEN EINFACHE SPIELSTILE

1. Wie man einen Baseliner schlägt

2. Was man gegen einen Netzläufer macht

3. Wie man den Konterspieler schlägt

4. Wie man den Aufschlags- und Volleyspieler schlägt

5. Wie man den Alleskönner ausspielt

6. Wie man den Lupfer besiegt

7. Wie man einen guten Schieber schlägt

KAPITEL 2: STRATEGIEN GEGEN FORTGESCHRITTENE SPELSTILE

8. Was man gegen einen starken Topspin-Spieler machen kann

9. Wie man den reinen Slice-Spieler übertrifft

10. Wie man einen guten Aufschlag kontert

11. Wie man einen Dropshot kontert

12. Wie man den Läufer ausspielt

13. Wie man eine starke Vorhand ausspielt

14. Wie man starke Schläger ausschaltet

KAPITEL 3: STRATEGIEN GEGEN UNGEWÖHNLICHE SPIELSTILE

15. Wie man den „Grunzer" schlägt

16. Wie man einem Zeitspiel entgegenwirkt

17. Wie man einen eiligen Gegner ausspielt

18. Wie man den Publikumsliebling schlägt

19. Wie man zarte Angleshots kontert

20. Wie man tiefe und hohe Bälle abwehrt

21. Wie man hohe Rückhandschläge abwehrt

22. Wie man einen Scrap-shot Spieler besiegt

KAPITEL 4: MENTALE STRATEGIEN

23. Wie man die Nervosität besiegt

24. Wie man mit Stress in einem Spiel umgeht

25. Wie man bis zum Schluss aufmerksam bleibt

26. Was man während der Seitenwechsel denken sollte

27. Was man vor einem Spiel denken sollte

28. Was man in der Nacht vor dem Spiel denken sollte

29. Was man tun muss, wenn man auf dem Tiefpunkt ist

30. Was man machen sollte, wenn man aufgeregt ist

31. Was man tun sollte, wenn man Matchball hat

32. Was man tun sollte, nachdem man einen Doppelfehler beim Aufschlag begangen hat

KAPITEL 5: MENTALE TAKTIKEN

33. "Deinen Gegner kennen"

34. "Das Spiel ist zu Ende, wenn es zu Ende ist"

35. "Bereite dich auf den Erfolg vor"

36. "Bewahre ein Pokerface"

37. "Versteck deine Schwächen, nutz die der anderen"

38. "Wer den letzten Ball im Spiel behält, gewinnt"

39. "Der, der zum ersten Mal schlägt, schlägt auch zum zweiten Mal"

41. "Sei ein guter Schauspieler"

42. "Reiß die Wände ein"

43. "Lern von jedem Spiel"

44. "Erwirb Wissen"

45. "Kenne deine Regeln"

46. "Forme dein Schachbrett"

47. "Finde das Muster"

48. "Bauer setzt König schachmatt"

49. "Erschaffe eine Grundlage"

50. "Lass die Quelle nicht austrocknen"

51. "Verstand über Schema"

52. "Verteil nur an Geburtstagen Geschenke"

53. "Hab das Herz eines Löwen"

54. "Wähle deine Waffen"

55. "Perfektion durch Imitation"

56. "Das vierblättrige Kleeblatt"

57. "Humor für die Tapferen"

58. "Geh dahin, wo die Party stattfindet"

59. "Kleine Schritte für Riesen"

60. "Der zweite Aufschlag: möge er dir gut dienen"

KAPITEL 6: ZUSPIELE

1. Mit der Vorhand den Ball cross über das Seil schlagen

2. Mit der Rückhand den Ball cross über das Seil schlagen

3. Mit der Vorhand den Ball longline über das Seil schlagen

4. Mit der Rückhand den Ball longline über das Seil schlagen

5. Den Ball cross über das Seil schlagen und dabei Vorhand und Rückhand alternieren

6. Den Ball longline über das Seil schlagen und dabei Vorhand und Rückhand alternieren

7. Mit der Vorhand den Ball cross unter das Seil schlagen

8. Mit der Rückhand den Ball cross unter das Seil schlagen

9. Mit der Vorhand den Ball longline unter das Seil schlagen

10. Mit der Rückhand den Ball longline unter das Seil schlagen

11. Den Ball cross unter das Seil schlagen und dabei Vorhand und Rückhand alternieren

12. Den Ball longline unter das Seil schlagen und dabei Vorhand und Rückhand alternieren

KAPITEL 7: ECHTE BALL-ÜBUNGEN

ÜBER DAS SEIL

13. Schlag 20 Bälle cross mit Topspin, Vorhand zu Vorhand über das Seil (Konsistenz)

14. Schlag 20 Bälle cross mit Topspin, Rückhand zu Rückhand über das Seil (Konsistenz)

15. Schlag 20 Bälle longline mit Topspin, Vorhand zu Rückhand über das Seil (Konsistenz)

16. Schlag 20 Bälle longline mit Topspin, Rückhand zu Vorhand über das Seil (Konsistenz)

17. Schlag 20 Bälle, bei denen eine Person nur cross und der andere nur longline über das Seil spielt (eine Acht, Konsistenz)

18. Schlag 20 Bälle, bei denen eine Person nur longline und der andere nur cross über das Seil spielt (eine Acht, Konsistenz)

UNTER DEN SIEL DRILLS

19. Schlag 20 Bälle cross, Vorhand zu Vorhand unter das Seil

20. Schlag 20 Bälle cross, Rückhand zu Rückhand unter das Seil

21. Schlag 20 Bälle longline, Vorhand zu Rückhand unter das Seil

22. Schlag 20 Bälle longline, Rückhand zu Vorhand unter das Seil

23. Schlag 20 Bälle cross mit einem Slice und der Rückhand unter das Seil

24. Schlag 20 Bälle, bei denen eine Person nur cross und der andere nur longline unter das Seil spielt um eine Acht zu erzeugen

25. Schlag 20 Bälle, bei denen eine Person nur longline und der andere nur cross unter das Seil spielt um eine Acht zu erzeugen

ÜBUNGEN ÜBER UND UNTER DAS SEIL

26. Eine Person spielt den Ball mit der Vorhand und einem Tospin über das Seil, während die andere ihn cross mit der Vorhand unter das Seil schlägt

27. Eine Person spielt den Ball mit der Rückhand und einem Tospin über das Seil, während die andere ihn cross mit der Rückhand unter das Seil schlägt

28. Eine Person spielt den Ball mit der Vorhand und einem Tospin über das Seil, während die andere ihn longline mit der Rückhand unter das Seil schlägt

29. Eine Person spielt den Ball mit der Rückhand und einem Tospin über das Seil, während die andere ihn longline mit der Vorhand unter das Seil schlägt

30. Eine Person spielt den Ball mit der Rückhand und einem Tospin über das Seil, während die andere ihn cross mit der Rückhand und einem Slice unter das Seil schlägt

31. Eine Person spielt den Ball mit der Vorhand und einem Tospin über das Seil, während die andere ihn cross mit der Vorhand unter das Seil nach innen schlägt

KAPITEL 8: BALL-ÜBUNGEN

32. Das Gleiche wie bei 10 nur über das Seil und ohne Aufschlag

33. Das Gleiche wie bei 10 nur unter das Seil und ohne Aufschlag

34. Das Gleiche wie bei 10 nur ohne Aufschlag und, dass eine Person nur über das Seil und die andere nur unter das Seil schlagen

35. Das Gleiche wie bei 10 (mit Aufschlag) und über das Seil (der Aufschlag geht zu jeden Zeit unter das Seil, außer du führst einen Topspin oder einen Kick-Aufschlag)

36. Das Gleiche wie bei 10 (mit Aufschlag) und unter das Seil (der Aufschlag geht zu jeden Zeit unter das Seil, außer du führst einen Topspin oder einen Kick-Aufschlag)

KAPITEL 9: NORMALE BALL-ÜBUNGEN OHNE SEIL

37. Das Gleiche wie bei 10 nur ohne Aufschlag und cross mit der Vorhand

38. Das Gleiche wie bei 10 nur ohne Aufschlag und cross mit der Rückhand

39. Das Gleiche wie bei 10 nur ohne Aufschlag und longline mit der Vorhand

40. Das Gleiche wie bei 10 nur ohne Aufschlag und longline, Vorhand zu Rückhand

41. Das Gleiche wie bei 10 mit Aufschlag und cross mit der Vorhand

42. Das Gleiche wie bei 10 mit Aufschlag und cross mit der Rückhand

43. Das Gleiche wie bei 10 mit Aufschlag und longline, Rückhand zu Vorhand

44. Das Gleiche wie bei 10 mit Aufschlag und longline, Vorhand zu Rückhand

45. Das Gleiche wie bei 10 nur, dass eine Person nur cross und die andere nur longline schlägt und ohne Aufschlag

46. Das Gleiche wie bei 10 nur, dass eine Person nur longline und die andere nur cross schlägt und ohne Aufschlag

47. Das Gleiche wie bei 10 nur, dass eine Person nur cross und die andere nur longline schlägt und mit Aufschlag

48. Das Gleiche wie bei 10 nur, dass eine Person nur longline und die andere nur cross schlägt und mit Aufschlag

49. Das Gleiche wie 10 nur ohne Aufschlag. Führe normale Bälle aus ohne Muster.

50. Das Gleiche wie 10 nur mit Aufschlag. Führe normale Bälle ohne Muster aus.

51. Spiel einen kompletten Satz mit Aufschlag, in dem du nur cross und dein Partner nur longline spielt.

52. Spiel einen kompletten Satz mit Aufschlag, in dem du nur longline und dein Partner nur cross spielt.

53. Spiel einen kompletten Satz, in dem du ein Muster deiner Wahl verwendest.

54. Spiel ein komplettes Spiel, in dem du ein Muster deiner Wahl verwendest.

ANDERE TITEL VON JOSEPH CORREA

BENÖTIGTES MATERIAL UND AUFBAU

Du benötigst:

1 Tennisfeld

1 ein Seil – lang genug um zu beiden Enden des Platzes gespannt zu werden.

Jemanden, der dir Bälle zuspielt und dir Bälle zurückschlägt, für bestimmte Teile des Trainings.

Aufbau:

Miss einen halben bis ganzen Meter ab der Höhe des Netzes, so dass du das Seil in dieser Höhe über das Netz spannen kannst (nutze einen Zaun oder ein anderes Objekt zum befestigen). Nimm ein Maßband und miss einen halben Meter über dem Netz für fortgeschrittene und einen Meter für einfache Schwierigkeit.

114 Strategien, Mentale Taktiken Und Übungen Fürs Tennis

Verbessere Dein Spiel In 10 Tagen

Joseph Correa

"Lerne, wie du mentale und körperliche Fähigkeiten entdeckst, von denen du vorher nicht einmal wusstest, dass du sie hast."

KAPITEL 1: STRATEGIEN GEGEN EINFACHE SPIELSTILE

Strategie #1

Wie man einen Baseliner schlägt

PROBLEM:

Ein guter Baseliner ist sehr sicher an der Grundlinie und würde es bevorzugen, nicht ans Netz zu gehen. Aus diesem Grund wäre die beste Strategie, den Baseliner mit kurzen Schlägen zum Netz zu bringen. Dies bringt den Gegner in eine schwierige Situation und er wird wahrscheinlich sogar einen einfachen Aufschlag verfehlen.

LÖSUNG:

Eine der besten Strategien, um einen Baseliner zu schlagen, ist es sie möglichst nah ans Netz zu bringen – nutze einen der folgenden Schläge: Ein kurzer Slice, ein Stoppball, ein kurzer Topspin, ein Angleshot.

Wenn du einen kurzen Slice spielst, wird der Baseliner gezwungen ans Netz zu kommen und wenn er sehr kurz ist, wird er gezwungen die Grundlinie zu verlassen, um einen Volley oder einen Overhead zu spielen.

Wenn du einen Stoppball spielst, wirst du definitiv in der Lage sein, deinen Gegner ans Netz zu bekommen, da sie keine andere Wahl haben, als sich in die Reichweite des Netzes zu bewegen.

Wenn du einen kurzen Topspin spielst, werden sie nicht gezwungen ans Netz zu kommen, aber sie werden in einer sehr schlechten Position sein, wenn sie es nicht tun. Du kannst dir ihre schlechte Position zu Nutze machen, indem du einfach den Ball hinter sie schlägst.

Wenn du einen kurzen Angleshot spielst, werden sie sich nicht nur von der Grundlinie wegbegeben müssen, sondern auch leicht abseits des Platzes. Dies würde sie in eine sehr schlechte Position bringen, wenn sie nicht versuchen den Platz abzudecken, indem sie ans Netz kommen.

Wenn du einen guten Aufschlag hast, spiele den Ball und laufe zum Netz, um den Gegner zu überraschen und erlaube dir absichtlich ab und zu einen Fehler.

Strategie #2

Was man gegen einen Netzläufer macht

PROBLEM:

Der Netzläufer ist immer bereit, nach vorne zu laufen – meistens bei zweiten Aufschlägen, schwachen Schlägen oder kurzen Bällen. Ihre besten Schläge sind meist Volleys oder Overheads. Sie werden auch nach dem eigenen Aufschlag zum Netz rennen. Sie gewinnen die meisten Punkte, in dem sie Druck am Netz erzeugen und dadurch Fehler oder Fehlentscheidungen der Gegner erzwingen.

LÖSUNG:

Die beste **LÖSUNG** ist einfach, den Netzläufer an der Grundlinie zu halten, indem du den ersten Aufschlag rein bekommst, auch wenn das bedeutet, dass du etwas Kraft herausnimmst und den Ball stattdessen platziert spielst. Du kannst auch einen tiefen Topspin spielen oder den Ball quer über den Platz schlagen, um den Netzläufer aus dem Feld zu halten und weg vom Netz. Wenn er doch das Netz erreicht hat, solltest du folgendes planen:

1. Spiel an ihm vorbei, indem du den Ball longline spielst.

2. Umspiel ihn durch einen cross geschlagenen Ball.

3. Umspiel ihn durch einen kurzen Angleshot.

4. Lupfe den Ball über ihre Rückhandseite mit einem flachen Topspin oder Slice.

5. Spiel den Ball direkt auf ihren Körper, um sie aus dem Schutz zu nehmen und zu verlangsamen.

Strategie #3

Wie man den Konterspieler schlägt

PROBLEM:

Der Konterspieler ist nicht derjenige, der die Initiative während des Matches ergreift. Sie sind meistens die Art von Spielern, die auf deine Entscheidung warten und diese dann aushebeln. Wenn du an das Netz läufst, werden sie an dir vorbei spielen. Wenn du den Ball härter Schlägst, werden sie deine Kraft nutzen und den freien Teil des Platzes anvisieren. Diese Art von Spielern bereitet große Probleme, wenn du nicht weißt, wie man mit ihnen umgeht. Je härter und schneller du spielst, je besser ist es für sie, solange du keine gute Strategie hast.

LÖSUNG:

Um den Konterspieler zu schlagen musst du verstehen, dass du die meiste Zeit, wenn du angreifst, ein Muster haben musst, dass du während des Punktes umsetzen kannst. Ein paar Beispiele wären:

- Schlage breit auf und ziele dann auf die freie Fläche des Platzes.

- Ziele auf die freie Fläche des Platzes und spiele den nächsten Ball ans Netz, um mehr Druck auf deinen Kontrahenten auszuüben und den Punkt einzufahren.

- Spiele einen kurzen Ball und zwing sie, die Initiative zu ergreifen, indem sie ans Netz kommen.

Strategie #4

Wie man den Aufschlags- und Volleyspieler schlägt

PROBLEM:

Aufschlags- und Volleyspieler sind schnell und entscheidungsfreudig. Sie werden nicht zögern, wenn sie die Möglichkeit haben, den Punkt für sich zu entscheiden. Sie werden einen starken Aufschlag mit Kraft oder Spin spielen und dann zum Netz laufen.

LÖSUNG:

Die beste Strategie gegen diese Spieler ist, sie abzubremsen oder sie in der Vorwärtsbewegung zu stoppen. Die drei besten Möglichkeiten, sie abzubremsen und zu Fehlern zu zwingen, sind:

1. Spiel den Aufschlag zu ihren Füßen zurück, so dass sie einen halben Volley spielen müssen.

2. Spiel den Ball direkt auf ihren Körper zurück, so dass sie ihren Körper aus der Bahn bringen müssen, um den Volley spielen zu können. Dies mag keine schöne Art sein, um sie abzubremsen, aber es funktioniert und ist ein Mittel, wenn du keine anderen Optionen hast.

3. Überlupfe sie. Spiel den Ball einfach hoch und steil und laufe dann nach hinten, um einen harten Overhead in der Luft abfangen zu können. Wenn du hoch genug lupfst, müssen sie komplett stoppen und einen zeitlich gut abgepasste Overhead spielen, der nicht immer leicht ist, wenn es windig oder regnerisch ist, sie die Sonne blendet oder es Nacht ist und Entfernungen schwerer einzuschätzen sind.

Strategie #5

Wie man den Alleskönner ausspielt

PROBLEM:

Der Alleskönner kann alles. Aufschlag und Volley, Konterschlag, kurze Bälle ans Netz, geduldig und ausdauernd im hinteren Bereich des Feldes. Jeder trainiert und übt immer hart, um ein Alleskönner zu werden, so dass man keine offensichtlichen Schwächen hat, die einem Gegner einen Angriff leichter machen würden.

LÖSUNG:

Der Alleskönner kann normalerweise alles, aber es heißt nicht, dass er keine Schwächen hat. Konzentriere dich darauf, was er am schlechtesten macht und richte das Spiel danach aus, was du am besten kannst.

Zum Beispiel: Wenn sie eine schwächere Rückhand haben und du eine starke Vorhand, solltest du zu ihrer Rückhand aufschlagen und dann dich so positionieren, dass du den nächsten Ball mit der Vorhand annehmen kannst. Übe weiter Druck aus, indem du auf ihre Rückhand spielst bis du die Möglichkeit bekommst, zum Netz zu kommen und den Ball wegzuschlagen. Auf diese Weise zwingst du sie, deinen stärksten Spielstil gegen ihren schlechtesten

Schlag zu spielen. Eine weitere gute Strategie wäre, einen Angriff nah am Netz an ihrer schwächeren Seite zu spielen und so Fehler zu erzwingen.

Strategie #6

Wie man den Lupfer besiegt

PROBLEM:

Spieler, die den Ball immer und immer wieder lupfen, können sehr schwierig zu bespielen sein und können dich deine Geduld kosten. Du willst angreifen, aber sie verlangsamen alles mit ihren Lupfern. Wenn du nah ans Netz ran kommst weißt du, dass du einen Overhead spielen musst.

LÖSUNG:

Du willst kein Spiel verlieren, weil du Bälle mit niedriger Prozentzahl spielst während dein Gegner Bälle mit hoher Prozentzahl wie Lupfer spielt. Der beste Plan ist, sie aus ihrer Komfortzone zu locken und zu Stellen auf dem Platz zu bewegen, von denen sie nur schwer oder auch gar nicht Lupfer spielen können. Durch flache Angleshots wirst du den Lupfer dazu zwingen, aus dem hinteren Teil des Feldes hervorzukommen und sich an die Seiten zu bewegen, was das Lupfen deutlich erschwert, da die Distanz zu deinem eigenen Ende des Feldes kürzer ist, als wenn er an der Grundlinie stehen würde. Eine andere Art, diese Art von Spieler aus dem Konzept zu bringen, ist ein einfacher kurzer Ball oder ein Dropshot, um sie ans Netz zu bringen. Am Netz kannst er entweder einen Volley spielen oder einen Overhead, aber keinen Lupfer! Ein weiterer effektiver Weg einen Lupfer zu schlagen ist einen niedrigen, kurzen Slice zu spielen, da es viel schwerer ist, bei einem solchen Ball zum Lupfen anzusetzen. Dann kannst du einfach den Ball hinter sie spielen nachdem sie einen nicht so guten Lupfer zurückgespielt haben. Die letzte Möglichkeit, die du gegen einen Lupfer hast, ist den Ball so zu spielen, dass er nie auftrifft. Das kann sehr effektiv sein, wenn du vor der Grundlinie stehst und dich sicher fühlst, Bälle in der Luft anzunehmen.

Strategie #7

Wie man einen guten Schieber schlägt

PROBLEM:

„Schieber" oder konsistente Spieler, die normalerweise überhaupt nicht angreifen während des Spiels, sind oftmals sehr erfolgreich. Sie machen nicht viele Fehler, schlagen aber meist auch keine entscheidenden Bälle. Sie warten darauf, dass du alle Fehler machst, was noch mehr Druck auf dich erzeugt.

LÖSUNG:

„Schieber" müssen für Gewöhnlich dazu gezwungen werden, Fehler zu machen. Eine der besten Möglichkeiten, Fehler bei ihnen zu beschwören, ist es sie mit einem Dropshot oder kurzen Ball ans Netz zu bringen und dann einfach einen Volley oder Overhead zu spielen. Genau das können sie meist am schlechtesten, da sie so viel Zeit im hinteren Teil des Platzes verbringen, um den Ball permanent im Spiel zu halten. Wenn du stark am Netz bist, solltest du den Angriff am Netz wählen mittels schnellen, niedrigen Bällen, um sie so zu mehr Risiko zu bewegen, indem sie einen kurzen Schlag oder Lupfer wählen. Beide Strategien sind effektiv gegen diese Art des Spiels.

KAPITEL 2: STRATEGIEN GEGEN FORTGESCHRITTENE SPIELSTILE

Strategie #8

Was man gegen einen starken Topspin-Spieler machen kann

PROBLEM:

Starkes Topspin wird mehr und mehr beliebter im heutigen Spiel. Der Ball prallt normalerweise hoch und schnell vom Schläger zurück, was es schwer macht anzugreifen oder ans Netz zu kommen. Es wird dich entweder zwingen, zurückzuweichen oder nach vorne zu gehen, um den Ball zu treffen.

LÖSUNG:

Du kannst verschiedene Dinge tun, um den starken Topspin zu kontern. 1. Du kannst einfach einen Schritt zurück machen und den Ball zu einer für dich komfortablen Position kommen lassen. Auf diese Weise schlägst du nicht auf oder über Schulterhöhe, was ein deutlich schwererer Schlag für die meisten Menschen ist. 2. Du kannst den Ball treffen, während er aufsteigt und zu hoch wird und dazu dich in das Feld hinein bewegen. Dieses Vorgehen erfordert mehr Können, als ihn herunterkommen zu lassen, aber es lohnt sich, wenn du deinen Kontrahenten auf Zack hältst mit deinen schnellen Kontern.

Strategie #9

Wie man den reinen Slice-Spieler übertrifft

PROBLEM:

Einige Tennisspieler werden nur Slices spielen, weil sie entweder sehr erfolgreich damit sind oder weil sie keine anderen Schläge beherrschen. Der Ball wird flach bleiben, was es schwerer macht anzugreifen oder einen klaren Ball zu spielen.

LÖSUNG:

Geduld mit diesem Spielertyp zu haben zahlt sich langfristig aus. Der Schlüssel ist es, diese Slices nicht zu hoch zu treffen. Versuch ihn niedrig zu erwischen und beweg dich vorwärts. Die beste Art, dass dein Gegner den Ball verfehlt ist entweder sie beim Laufen zu erwischen und dann das Netz zu versperren, wenn sie sie den Slice zurück spielen, oder die Höhe der Bälle zu variieren. Die Höhe der Bälle zu variieren bedeutet im Grunde genommen, dass man zuerst einen niedrigen Topspin spielt und dann einen hohen Topspin. Setze dieses Muster fort solange die Gegner nicht den richtigen Winkel finden und zwinge sie dadurch zu niedrig ins Netz oder zu hoch und damit ins Aus zu treffen.

Strategie #10

Wie man einen guten Aufschlag kontert

PROBLEM:

Gute Aufschläger sind harte Gegner, wegen der Geschwindigkeit mit der der Ball auf dich zukommt. Der Ball wird hart und schnell kommen, ohne jegliche Vorwarnung.

LÖSUNG:

Führe einen kurzen Rückschwung aus und bewege deine Füße bevor der Ball kommt. Das Geheimnis, einen schnellen Aufschlag zurückzuspielen, ist ihn nicht zu hoch zu treffen. Lerne die Kraft deines Gegners zu nutzen, indem du einfach einen gut platzierten Ball zurückspielst. Viele Male wirst du feststellen, dass du den Ball nicht härter treffen musst, damit es ein gutes Rückspiel ist und genau das ist die wichtigste Sache, die es zu bedenken gibt. Beweg deine Füße, behalte deine Augen auf dem Ball, nimm einen kurzen Rückschwung und bewege dich, wenn du den Ball triffst, um erfolgreich mit diesem Schlag zu sein.

Strategie #11

Wie man einen Dropshot kontert

PROBLEM:

Dropshots sind großartige Waffen, da sie keine Kraft erfordern. Dropshots sind nur so wertvoll wie einen Overhead zu spielen. Bedenke, dass die Entfernung von einer Seite des Platzes zur anderen kleiner ist, als von der Grundlinie zum Netz. Wenn du einen Dropshot spielst, lässt du deinen Kontrahenten eine größere Distanz laufen.

LÖSUNG:

Der beste Konter gegen einen Dropshot ist einen anderen Dropshot zurückzuspielen. Auf diese Art hast du eine geringere Wahrscheinlichkeit, verladen oder überlupft oder gar getroffen zu werden. Wenn du diesen Schlag meisterst, wirst du mehr als einem Gegner das Leben schwer machen, indem er vorwärts läuft, um einen Ball zu erwischen, mit dem er nicht gerechnet hatte. Die zweite Art von Schlag, die du gegen einen Dropshot spielen kannst, ist ein tiefer Return zur schwachen Seite deines Gegners und dann einfach einen Volley oder Overhead. Wenn du die Zahl der Dropshots reduzieren willst, die der Kontrahent die entgegenschlägt, kannst du den Ball entweder hart und tief spielen, oder den Ball hoch und tief halten. Das wird es ihnen deutlich schwerer machen, einen Dropshot zu spielen.

Strategie #12

Wie man den Läufer ausspielt

PROBLEM:

Läufer sind harte Gegner, da sie normalerweise nicht aufgeben und sie viele Bälle im Match zurückspielen. Manche Spieler gewinnen ein Spiel nur mit deren Geschwindigkeit. Sie jagen Ball nach Ball hinterher bis du nicht mehr kannst und letztendlich verfehlst.

LÖSUNG:

Läufer haben immer einen schwächeren Schlag. Es könnte ihre Rückhand, Vorhand, Aufschlag oder Overhead sein. Finde ihren schwächsten Schlag und starte diesen Schlag zu attackieren. Du musst begreifen, dass ihre größte Stärke die Geschwindigkeit ist und du dich daher darauf konzentrieren musst, was sie am schlechtesten können. Du musst geduldig sein und ihnen erlauben, mit ihren schwächsten Schlägen Fehler zu machen. Bleibe standhaft und spiele kontinuierlich, bis sie anfangen Fehler zu machen; weiche nicht von dem Plan ab. Du wirst dazu verleitet sein, den Punkt selbst abzuschließen, aber es zahlt sich immer aus, sich an den Plan zu halten anstatt deinem Gegner das zu erlauben, was er am besten kann.

Um diese Art von Spielern zu schlagen, greife ihre Schwächen an und nicht ihre Schnelligkeit, da das der schwierigste Weg wäre, um Punkte zu erzielen. Halte dich an den Plan und sei konsequent.

Strategie #13

Wie man eine starke Vorhand ausspielt

PROBLEM:

Starke Vorhände sind weit verbreitet im Tennis, da jeder bestimmte Waffen braucht, um Punkte zu erzielen. In den meisten Fällen ist das eine starke Vorhand. Im heutigen Spiel sind starke Vorhände zu einer Notwendigkeit geworden, um mehr Punkte zu erzielen, da Spieler stärker und schneller werden und du dementsprechend härtere und schnellere Bälle spielen musst, wenn du an ihnen vorbei willst.

LÖSUNG:

Starke Vorhände sind nur solange stark, wie sie der Ball in der kraftvollsten Zone ankommt, die normalerweise zwischen Knien und Schulterhöhe ist. Wenn es dir gelingt, Bälle unter das Knie oder über die Schulter zu schlagen, sind die Chancen groß, dass ihre Vorhand nicht mehr so kraftvoll ist wie gewöhnlich. Versuche einen Slice zu ihrer Vorhand oder einen hohen Topspin zu spielen, um die Kraft zu verringern, die sie von dieser Seite aus erzielen können.

Strategie #14

Wie man starke Schläger ausschaltet

PROBLEM:

Starke Schläger überfordern ihre Gegner mit zu viel Kraft über beide Flügel und erzielen oft bereits Punkte mit einem unhaltbaren Aufschlag. Sie gewinnen Punkte, indem sie einfach härter schlagen als andere.

LÖSUNG:

Du musst die starken Schläger ausbremsen mittels einiger Schläge wie: Niedrigen Slices, Seiten-Slice, Hoher Topspin, tiefe Bälle, Dropshots und kurzen Angleshots. Starke Schläger hassen Veränderungen in der Ballgeschwindigkeit, da es sie zwingt, sich der Tiefe, Höhe und Geschwindigkeit des Balls anzupassen. Nach einer Weile veranlassen die veränderte Geschwindigkeit, Drehung und Höhe des Balls die starken Schläger entweder dazu, einen Ball zu verfehlen oder sie müssen Tempo aus dem Spiel rausnehmen, um ihre Fehler zu verringern. Das ist der Zeitpunkt wo du weißt, dass du sie um ihren Spielplan gebracht hast und mehr Punkte gewinnen kannst.

KAPITEL 3: STRATEGIEN GEGEN UNGEWÖHNLICHE SPIELSTILE

Strategie #15

Wie man den „Grunzer" schlägt

PROBLEM:

Der „Grunzer" kann laut sein und ablenken. Er wird jedes Mal grunzen, wenn er den Ball trifft und die Lautstärke des Grunzens erhöhen je nach Länge des Spiels, Wichtigkeit des Balls oder eigener Müdigkeit.

LÖSUNG:

Lerne, dich auf die wichtigeren Aspekte deines Spiels zu konzentrieren wie Atmung und Beinarbeit. Sich zu stark darauf zu konzentrieren, was dein Gegner macht, wird dich ablenken und dich von abhalten, dein bestes Tennis zu spielen. Finde Dinge, auf die du dich konzentrieren kannst während oder nach einem Ballwechsel, z.B. das Binden deiner Schnürsenkel, wenn sie lose oder locker sind oder dich abtrocknen, wenn du verschwitzt bist. Wenn es für dich zu viel Abwechslung ist, grunze einfach selbst.

Strategie #16

Wie man einem Zeitspiel entgegenwirkt

PROBLEM:

Spieler, die absichtlich die Zeit zwischen den Ballwechseln und Seitenwechseln verzögern, versuchen das Tempo des Spiels zu kontrollieren. Einige Spieler müssen schnell spielen, um ihr Tempo aufrecht zu erhalten, anderen macht es nichts aus langsamer zu spielen. Das Spiel verlangsamen, wenn du am verlieren bist, ist eine großartige Strategie, da es dir mehr Zeit gibt, Fehler zu korrigieren und wieder auf die richtige Spur zu kommen. Wenn jemand das macht kann es schwierig sein, das Spiel wiederzufinden.

LÖSUNG:

Konzentriere dich darauf, was du tun musst. Gelange nicht in ihre Falle, indem du das Spiel verzögerst. Bleibe einfach jederzeit bereit und zeig ihnen, dass du bereit bist weiterzumachen.

Strategie #17

Wie man einen eiligen Gegner ausspielt

PROBLEM:

Einige Spieler eilen gerne durch die Punkte hindurch, ohne den Kontrahenten zu erlauben einmal durchzuschnaufen oder Dinge zu durchdenken, was mehr Fehler verursacht, wenn du dieses Tempo nicht gewohnt bist. Sie nehmen für Gewöhnlich kürzere Wasserpausen und schlagen bereits auf, bevor du an der Grundlinie bist um den Aufschlag zu kontern.

LÖSUNG:

Wenn jemand konstant durch ein Spiel hetzt, ist die beste lösung einfach Tempo aus dem Spiel zu nehmen, bis zu einem Level, bei dem du dich wohlfühlst und du keine Fehler machst. Einige der besten Möglichkeiten, um dies zu erreichen, sind:

- Dich während des Seitenwechsel mit dem Handtuch abtrocknen, Wasser trinken und langsam atmen

- Dein Handtuch auf den rückwärtigen oder seitlichen Zaun legen. So musst du zwischen den Ballwechseln eine größere Entfernung zum Abtrocknen zurücklegen und kannst so das Tempo reduzieren.

- Die Schnürsenkel binden vor dem eigenen oder fremden Aufschlag.

- Die Saiten deines Tennisschlägers richten vor dem eigenen oder fremden Aufschlag.

Strategie #18

Wie man den Publikumsliebling schlägt

PROBLEM:

Publikumslieblinge können während eines Spiels eine starke Unterstützung bekommen. Einige Anhänger oder Familienmitglieder können sehr laut und durchdringend sein, was es jedem schwer macht, sich auf das Spiel zu konzentrieren. Sie klatschen, wenn du einen Punkt verlierst. Sie klatschen bei entscheidenden Bällen und in der Mitte eines Laufes.

LÖSUNG:

Publikumslieblinge sind sehr schwere Gegner, wenn sie am gewinnen sind, aber wenn sie verlieren, wird es ruhig. Konzentriere dich darauf, in Führung zu gehen und gib die Führung nicht mehr her. Je größer dein Vorsprung ist, desto weniger Lärm wirst du von der Menge hören. Einige der Fans, Familienmitglieder und anderen Leute wird einfach das Spiel verlassen, was weniger Ablenkung und bessere Ergebnisse für dich bedeuten wird. Wenn du die Art von Spieler bist, der es genießt eine Menge gegen sich zu haben, würde ich trotzdem empfehlen, von Beginn an in Führung zu gehen und bis zum Ende vom Match zu bleiben. Publikumslieblinge sind nur Favorit, wenn sie gewinnen oder zumindest die Chance auf einen Sieg haben. Wenn du aber zeigen kannst, dass sie keine Chance haben, wirst du eine deutlich leichtere Zeit haben.

Strategie #19

Wie man zarte Angleshots kontert

PROBLEM:

Zarte Angleshots sind großartige Waffen, da sie Spieler zwingen, von der Grundlinie abzuweichen und sich in den vorderen oder seitlichen Bereich des Feldes zu bewegen. Das öffnet das gesamte Feld für den Gegner und ermöglicht ihnen, fast vollständige Kontrolle über den Punkt zu haben.

LÖSUNG:

Die beste Möglichkeit, einen zarten Angleshot zu kontern, ist eine der drei folgenden Optionen:

- Folge dem Ball ans Netz und schneide den Winkel ab, der entstanden ist.

- Spiel einen anderen Angleshot quer über das Feld und bewege dich in die Mitte deiner Hälfte zurück.

- Spiel einen Dropshot direkt vor dich, so dass du deinen Gegner vor das Netz bringst und decke dann die Mitte des Platzes ab, um jede Möglichkeit eines Vorbeischlags auszuschließen.

Strategie #20

Wie man tiefe und hohe Bälle abwehrt

PROBLEM:

Hohe oder tiefe Bälle werden – sofern kraftvoll gespielt – bei den meisten Tennisspielern zahlreiche Fehler hervorrufen. Sie drängen dich praktisch weit hinter die Grundlinie zurück und zwingen dich, den Ball beim Zurücklaufen zu schlagen, was die Kraft vermindert, welche du auf den nächsten Schlag verwenden könntest. Ob sie nun mit oder ohne Topspin gespielt werden, sie repräsentieren nichtsdestotrotz eine Bedrohung und erfordern einen guten Konterschlag.

LÖSUNG:

Hohe, tiefe Bälle können auf vielfältige Arten gekontert werden.

- Du kannst zurücktreten und einen weiteren hohen, tiefen Ball zurückschlagen und beobachten, wie dein Gegner auf diesen Schlag reagiert.

- Du kannst ihn zurückschlagen, sobald der Ball auf den Boden aufschlägt.

- Du kannst den Ball mit einem Slice spielen, um ihn flach und kurz zu halten.

Du kannst jedoch nicht nur die hohen, tiefen Bälle deiner Gegner kontern, sondern diese auch davon abhalten einen solchen Schlag zu vollziehen, indem du:

- tiefe Angleshots oder Topspins spielst.

- den Ball durch das Spielen eines Volleys oder Swinging Volleys in der Luft abfängst und dadurch verhinderst, dass er tief landet.

- tiefe, kurze Bälle spielst, die deinen Gegner zwingen, das Feld zu betreten und es für ihn schwieriger machen, einen weiteren sicheren hohen, tiefen Schlag abzugeben.

Strategie #21

Wie man hohe Rückhandschläge abwehrt

PROBLEM:

Hohe Rückhandschläge gehören für die meisten Spieler zu den schwierigsten Schlägen, besonders wenn du einen einhändigen Rückhandschlag ausführst. Hohe Rückhandschläge erfordern mehr Stärke, um die Bälle zurück ins Feld zu befördern und sind gewöhnlich nicht diejenigen, mit denen man die höchsten Schüsse erzielt.

LÖSUNG:

Du kannst hohe Rückhandschläge auf drei Arten abwehren:

1. Du kannst den Ball überlaufen und ihn mit der Vorhand annehmen.

2. Du kannst den Ball annehmen, bevor dieser zu einem hohen Rückhandschlag wird.

3. Du kannst so weit wie notwendig zurücktreten, um ebenso einen mittelhohen oder tiefen Rückhandschlag auszuführen.

Strategie #22

Wie man einen Scrap-shot Spieler besiegt

PROBLEM:

Scrap-shot Spieler spielen Bälle mit unkonventionellen Schlägen sowie trickreichen Spins und einer wenig ausgefeilten Technik, aber sie bringen den Ball ein und machen es einem nicht einfach, ihre Schläge abzuwehren. Einige der von ihnen ausgeführten Schläge sind: Slice, Seiten-Slice, Seiten-Topspin, Mondbälle, Dropshots, die auf dem Boden aufschlagen und ins Netz zurückgehen, sowie leichte Schläge.

LÖSUNG:

Wenn du nicht weißt, was dich erwartet, ist es am besten aufmerksam zu bleiben und darauf vorbereitet zu sein, alle Arten von Bällen anzunehmen. Stell sicher, dass du nah an den Ball kommst, da dieser sich mehr als sonst umher bewegt. Wenn du nicht sich sicher bist, wie der Ball auf dem Boden aufschlagen wird, laufe zum Netz, wo du den Ball bereits in der Luft abfangen kannst, ohne dich darum zu sorgen, wie der Ball auf dem Boden aufschlägt.

KAPITEL 4: MENTALE STRATEGIEN

Strategie #23

Wie man die Nervosität besiegt

PROBLEM:

Während eines Tennisspiels nervös zu werden ist eine natürliche Reaktion. Wichtig ist es, dass dein schwaches Nervenkostüm nicht deine Spielweise beeinflusst. Wenn du zu nervös bist, bist du manchmal an entscheidenden Stellen wie gelähmt, was dich dazu veranlasst dumme Fehler zu machen oder deine Chancen erhöht, den Ball zu verfehlen.

LÖSUNG:

Es gibt verschiedene Möglichkeiten die Nervosität zu überwinden. Hier sind nur einige davon aufgeführt, die für viele Tennisspieler hilfreich waren:

- Beweg deine Füße. Sehr oft wenn man nervös wird, hört man auf, seine Füße zu bewegen, was vermehrt zu Fehlern führt. Deine Füße mehr und schneller zu bewegen wird dir helfen, den Ball besser zu treffen und wird dir helfen, dich während dieser Szene zu entspannen.

- Atme während dieses Zeitpunktes ein und aus. Atme ein, wenn der Ball auf dich zukommt und aus, wenn du den Ball schlägst. Wenn du nicht spielst während der Nervositäts-Attacke ist es noch viel wichtiger, tief einzuatmen, damit deine Muskeln entspannen. Dies hilft dir, dich auf deine Strategie zu fokussieren statt auf das, was du fühlst.

- Verringere deine Anstrengung. Versuch positiv darüber zu denken, was du planst, während dieses Zeitpunkts zu tun und atme tief und langsam ein, um deinen Puls zu senken.

Strategie #24

Wie man mit Stress in einem Spiel umgeht

PROBLEM:

Stress ist ein weiterer natürlicher Faktor, der entsteht, wenn du dich belastet oder durch Familie, Freunde, das Zuspätkommen, das Vergessen der Tennis-Ausrüstung, Wetter-Bedingungen etc. unter Leistungsdruck gesetzt fühlst.

LÖSUNG:

Um den Stress zu besiegen, musst du begreifen, was den Stress an erster Stelle verursacht. Wenn du zu spät zu deinem Spiel gekommen bist, solltest du sicherstellen, dir genau Zeit zu nehmen und dich nicht zu beeilen. Du wirst die verlorene Zeit nicht wieder gut machen können, indem du schneller machst. Das würde mehr verfehlte Schläge nach sich ziehen als alles andere. Wenn du wegen des Wetters besorgt bist und denkst, es beginnt gleich zu regnen, dann solltest du dich auf eine Sache nach der anderen konzentrieren und das Wetter tun lassen, was es will, egal was im Spiel passieren wird. Wenn ein Familienmitglied den Stress hervorruft, dann solltest du deine Aufmerksamkeit auf das Spiel lenken und alles andere von deinen Gedanken aussperren, wenn es dich negativ beeinflusst. Du kannst sie außerdem bitten, während des Spiels bitte ruhig zu sein oder zu gehen und zu dir zu kommen, sobald das Spiel beendet ist. Familienmitglieder wollen, dass du erfolgreich bist, aber die Anspannung des Spiels kann zu viel für sie sein. Konzentrier dich auf das, was den Stress hervorruft und lös das Problem, so dass du dich darauf konzentrieren kannst zu gewinnen.

Strategie #25

Wie man bis zum Schluss aufmerksam bleibt

PROBLEM:

In deinem Spiel aufmerksam zu bleiben, bis es vorbei ist, ist keine leichte Aufgabe, sondern erfordert harte Arbeit. Einige Menschen beginnen gut, aber enden schrecklich, weil es ihnen an Aufmerksamkeit mangelt. Andere sind nie aufmerksamen genug, um ein Spiel oder einen Satz zu Ende zu führen.

LÖSUNG:

Während des ganzen Spiels aufmerksam zu bleiben erfordert verschiede Dinge.

1. Du benötigst optische Signale, die dir helfen, deine Gedanken auf das, was für dich am wichtigsten ist oder was dir verhilft, mehr Punkte zu gewinnen, zu fokussieren. Eine der besten Arten dies zu tun ist es, auf ein Blatt Papier geschriebene Notizen bei dir zu tragen, so dass du während der Seitenwechsel darauf schauen kannst. Auf diese Weise erinnerst du dich, was du zu tun hast.

2. Schreib auf einen Aufkleber zwei oder drei wichtige Dinge, die dir dabei helfen während des Spiels

aufmerksam zu bleiben und platzier die Aufkleber an einem sicheren Ort auf deinem Schläger, wo sie nicht herunterfallen können. Das Innere des Herzens eines Tennisschlägers ist eine gute Stelle, um einen Aufkleber zu befestigen. Das Herz eines Tennisschlägers befindet sich zwischen Griff und Schlagfläche.

Strategie #26

Was man während der Seitenwechsel denken sollte

PROBLEM:

Seitenwechsel gehören zu einem der verkanntesten Momente während eines Spiels um nachzudenken. Was sollte man dann denken? Du bist müde und durstig, also warum solltest du überhaupt über irgendetwas nachdenken? Nun ja, Seitenwechsel sind die besten Zeitpunkte, um das zu tun, was beim Tennis sehr wichtig ist: sich **LÖSUNG**en für Probleme zu überlegen, mit denen du während des Spiels zu kämpfen hattest, um letzten Endes zu siegen.

LÖSUNG:

Während des Seitenwechsels solltest du darüber nachdenken, wie du Punkte gewinnen und wie du Punkte verlieren kannst. Wenn du keine Punkte gewonnen hast, dann solltest du überlegen, warum das so ist.

Vielleicht übernimmt dein Gegner von Beginn an die Kontrolle und zwingt dich ausschließlich dazu Rückhandschläge abzuwehren und erlaubt es dir nicht, deine Vorhand zu verwenden, welche deine siegreichere ist.

Vielleicht bewegst du deine Füße zu wenig und musst anfangen, dich darauf zu konzentrieren.

Vielleicht bist du müde und möchtest schneller gewinnen, aber weißt nicht wie. Während des Seitenwechsels realisierst du aber, dass du aggressiver sein musst und mehr zum Netz laufen musst oder mehr Dropshots ausführen musst.

Vielleicht macht dein Gegner auch nichts Bestimmtes und du bist derjenige, der Fehler macht. Während des Seitenwechsels realisierst du das und beschließt, den Ball länger im Spiel zu halten oder deinen Gegner dazu zu zwingen mehr Fehler zu machen.

Strategie #27

Was man vor einem Spiel denken sollte

PROBLEM:

Vor dem Spiel ist es wichtig, Dinge zu Ende zu denken, statt einen Angriffsplan vorzubereiten. Zu wissen, was man denken sollte, macht einen großen Unterschied, wenn es um gewinnen und verlieren geht.

LÖSUNG:

Ja, während eines Spiels solltest du dein Bestes geben, um nicht zu viel zu denken, aber vor dem Spiel solltest du dich definitiv darauf vorbereiten, was du während des Spiels machen willst, damit du während des Spiels auf „Autopilot" schalten kannst und lediglich das ausführst, was du dir im Vorfeld gedacht hast. Du solltest herausfinden, was du tun musst, um erfolgreich zu sein. Das kann beinhalten:

- Deine Füße zu bewegen.

- Den Ball beim Aufschlag hochzuwerfen.

- Deine Augen auf dem Ball zu halten.

- Dich während der Punkte nicht zu hetzen.

- Die Schwächen deines Gegners von Beginn an auszunutzen.

- Den zweiten Aufschlag deines Gegners zu kontern.

- Dich nicht von deiner Umgebung ablenken zu lassen.

Strategie #28

Was man in der Nacht vor dem Spiel denken sollte

PROBLEM:

In der Nacht vor dem Spiel solltest du dich ausruhen und nur über Dinge nachdenken, die du beeinflussen kannst. Mach dir keine Sorgen über Dinge, die dir nicht gut tun wie Regen, Wind etc. Stell sich, dass dein Körper und deine Seele in der Nacht vor dem Spiel Ruhe finden, wenn du den neuen Tag nicht müde und schwach beginnen willst.

LÖSUNG:

In der Nacht vor dem Spiel solltest du dir vorstellen, wie du am nächsten Tag spielen möchtest. Du kannst dir spezifische Strategien ausdenken, die du ausprobieren willst so wie:

- einen Slice auszuführen oder auf das Netz zu zulaufen.

- hohe Topspins auszuführen, die dein Gegner mit der Hinterhand oder seiner schwachen Seite annehmen muss

- schnelle Ballwechsel quer über das ganze Feld.

Andere Dinge, die du dir in der Nacht vor dem Spiel vorstellen kannst:

- wie du schwierigen Bällen von Ecke zu Ecke nachrennst.

- wie du sicher stehst um den Aufschlag zurückzuschlagen.

- wie du den Ball vor deinem Aufschlag gekonnt hochwirfst.

- wie du motiviert und energiegeladen zwischen zwei Punkten bist.

Strategie #29

Was man tun muss, wenn man auf dem Tiefpunkt ist

PROBLEM:

Wenn du auf dem Tiefpunkt bist, beginnst du an dir zu zweifeln und denkst, du könntest das Spiel nicht gewinnen. Das Wissen, was man tun soll, um die Dinge zu ändern, ist sowohl emotional als auch physisch.

LÖSUNG:

Wenn du während eines Satzes hinten liegst, musst du wissen, dass es wichtig ist zu wissen, woran es liegt, dass du Punkte verlierst und gewinnst.

Wenn du sehr viele hohe Schläge verlierst und dein Gegner darauf abzielt, dass du die meiste Zeit mit solchen zu kämpfen hast, dann solltest du versuchen mehr zum Netz zu laufen und die Anstrengung zu vermindern vom hinteren Feld aus hohe Bälle zu schlagen.

Wenn du lange Rennen verliest, weil deine Fitness nicht so gut ist wie die deines Gegners, dann solltest du einen Weg finden, schnell viele Punkte zu erzielen. Du könntest deinen Gegner öfter zum Netz laufen lassen oder mehr Asse erzielen.

Wenn du Punkte gewinnst, indem du deine Hinterhand umläufst und mit der Vorhand schlägst, dann solltest du versuchen viele Bälle zu umlaufen und diese mit der Vorderhand zu spielen.

Wenn du alle Punkte bei deinem ersten Aufschlag machst, dann solltest du dich darauf konzentrieren, mehr erste Aufschläge zu erhalten.

Strategie #30

Was man machen sollte, wenn man aufgeregt ist

PROBLEM:

Wenn du den ersten Satz gewonnen hast, dann bist du während des Spiels emotional und psychisch überdreht, was sehr schwer wiegt. Was solltest du im zweiten Satz tun um das Spiel zu gewinnen?

LÖSUNG:

Nachdem du den ersten Satz gewonnen hast, weißt du, dass dein Gegner verstärkt versuchen wird, die Punkte aufzuholen. Genauso weißt du aber auch, dass du nah dran bist, auf ganzer Linie zu gewinnen, nachdem du schon das Rennen gewonnen hast.

Der Schlüssel liegt darin, diese 3 Dinge zu tun:

1. Mach weiter das zu tun, was du tun musst um Punkte zu gewinnen. Eine Gewinnstrategie zu ändern ist zu diesem Zeitpunkt nicht der richtige Plan. Mach keine törichten Wechsel, indem du weniger aggressiv oder aggressiver wirst.

2. Unternimm eine zusätzliche Anstrengung in den ersten 3 Spielen des Matches, so dass du mit einem guten

Start beginnst. Das wird deinen Gegner demoralisieren und vereinfacht das weitere Spiel. 3-0 oder 2-0 oder 4-0 sind alles gute Ausgangslagen für einen zweiten Satz.

3. Stell sicher, dass du punktemäßig vorn liegst, bis das Spiel endet, um deinem Gegner nicht das Gefühl zu geben, dass er eine Chance hat, das Spiel zu gewinnen. Wenn du das nicht tust, wirst du es später definitiv bereuen.

Strategie #31

Was man tun sollte, wenn man Matchball hat

PROBLEM:

Ein Matchball kann auf ganz unterschiedliche Weisen betrachtet werden. Den richtigen Ansatz zu haben macht hier den Unterschied. Zu selbstsicher zu sein oder an sich selbst zu zweifeln sind beide verbreitete, aber negative Reaktionen auf einen Matchball. Was solltest du tun?

LÖSUNG:

Ein Matchball ist eine großartige Gelegenheit das Spiel zu gewinnen. Stell sicher, dass du während des Spiels nicht zu viel denkst. Halte die Dinge einfach. Was immer dich gewinnen lässt, sollte während des Spiels ohne Zweifel und mit absoluter Präzision wiederholt werden. Wenn du nervös wirst, atme einfach ein und beweg deine Füße damit die Anspannung von dir abfällt. Dreh dich nicht um oder lass dich ablenken.

Denk dran: *HALT DICH AN DEN URSPRÜNGLICHEN PLAN!*

Strategie #32

Was man tun sollte, nachdem man einen Doppelfehler beim Aufschlag begangen hat

PROBLEM:

Folgefehler betreffen dich emotional und psychisch. Sie sind normal und können dir ruhig während des Spiels passieren, solange du sie nicht zu oft begehst. Der Unterschied liegt darin, was du nach deinem Folgefehler tust und denkst um die Situation zu verbessern.

LÖSUNG:

Konzentrier dich auf das, was du brauchst, um einen Aufschlag auszuführen. Zweite Aufschläge erfordern ein höheres Maß an Kontrolle, weil es deine letzte Chance ist, um einen Aufschlag zu vollziehen. Setz dich nicht irgendeinem Druck aus oder wird nervös. Stell sicher, dass du diesen 5 Schritten folgst, um Folgefehler zu minimieren:

1. Sei vorsichtig mit deinen Würfen. Wirf nicht jeden Ball in die Luft. Lass dir Zeit und mach nur Aufschläge, von denen du denkst, dass sie sehr wahrscheinlich ins Feld gehen werden, wenn du sie während des Hochwerfens spielst.

2. Beeil dich nicht mit deinen Bewegungen beim Aufschlag.

3. Lass den Ball zu deiner Beruhigung mindesten 4 Mal springen, bevor du einen Aufschlag ausübst.

4. Nutz deinen Schwung aus.

5. Halte dein Kinn und deinen Kopf aufrecht, wenn du den Ball schlägst, so dass deine Augen so lange wie möglich auf dem Ball verbleiben.

KAPITEL 5: MENTALE TAKTIKEN

33. *"Deinen Gegner kennen"*

Vor dem Spiel zu wissen, gegen wen du spielen wirst, ist außerordentlich wichtig. Sie haben wahrscheinlich schon ihre Hausaufgaben gemacht und wissen mehr über dich, als du dir vorstellen kannst. Wenn das so ist, solltest du herumgehen und dich über den Spieler erkundigen, gegen den du antreten wirst. Du kannst Freunde, vergangene Gegner, Team-Kollegen, irgendjemanden, der dir Informationen bezüglich deines Gegners liefern kann, fragen. Diese Informationen sind nur nützlich für dich bevor das Spiel beginnt. Alles andere wirst du vermutlich auf dem Platz lernen. Selbst wenn dein Gegner dich nicht ausspäht, stell Nachforschungen über ihn oder sie an.

Es gibt zwei Gründe, warum es nützlich ist, dich über deinen Gegner zu informieren: Der erste besteht darin, dass du dazu in der Lage sein wirst seine/ihre Stärken und Schwächen zu analysieren. Wenn du diese kennst, kannst du entscheiden, welche Strategie im Spiel am besten ist. Der zweite Grund besteht darin, dass du Zeit haben wirst, das Spiel gedanklich durchzugehen, bevor du auch nur das Spielfeld betrittst. Ein anderes Wort, welches für diese Art des mentalen Trainings verwendet wird, ist „Visualisierung". Du kannst mental die Schläge und

Strategien einstudieren, die du verwenden möchtest, ohne dabei physisch müde zu werden.

Hochleistungs-Tennis hängt stark von Übung an. Viele Menschen geben sich einem Tagtraum zu ihrem Spiel hin und wie sie darin spielen werden, realisieren jedoch nicht, dass sie ihr Spiel visualisieren. Viele von uns haben das das eine oder andere Mal getan. Wenn du weißt, wie dein Gegner spielt, was er mag oder nicht mag, wenn du ihre mentalen und physischen Fähigkeiten kennst, kannst du einen genauen Spielplan erstellen. Mentale Fähigkeiten bedeuten lediglich, wie stark der mentale Aspekt ihres Spiels ist. Physische Fähigkeiten bedeuten, wie gut vorbereitet sie sind, um physisch mit dir zu konkurrieren. Vielleicht hat sich dein Gegner über dich erkundigt und weiß, wie er/sie dich ausspielen wird. Er ist dir überlegen und du willst das nicht. Das Beste, was du vor einem Spiel tun kannst, ist vorbereitet zu sein. Kenne deinen Gegner.

34. "Das Spiel ist zu Ende, wenn es zu Ende ist"

Spiele werden oft zu Wettbewerben, in denen beide Spieler sehen wollen, wer zuerst aufgibt. Glücklicherweise kann ein Spiel selbst dann gewonnen werden, wenn du ein Punkt vom Verlieren entfernt bist. Viele Menschen haben gewonnen, nachdem sie 6/0, 6/0, 0-40 im Rückstand waren. Das ist, was Tennis zu einer Herausforderung macht. Du musst bis zum Schluss konzentriert sein.

Selbstvertrauen spielt eine wichtige Rolle im Wettbewerb, denn ein mental schwacher Wettbewerber mag im Spiel vorne liegen und es dann verlieren. Ein anderes Mal wird er/sie im Spiel zurückliegen und keinen Versuch unternehmen aufzuholen oder zumindest einen guten Kampf zu liefern. Viele Spieler haben gelernt vergangene Ereignisse nicht ihre zukünftigen Spiele negativ beeinflussen zu lassen. Ein guter Wettbewerber wird bis zum Ende kämpfen, weil er/sie aufholen kann und trotz des Punktestands das Spiel gewinnen kann. Andere gute Wettbewerber wissen, wie man einen Gegner daran hindert aufzuholen und machen sie letztendlich fertig. Ein Spiel zu beenden und einen Rückstand aufzuholen sind zwei der schwierigsten Dinge, die es gilt in allen Spielniveaus zu erreichen. Stell sicher, dass du dich daran erinnerst, dass „das Spiel zu Ende ist, wenn es zu Ende ist, so dass du ein Konkurrent bist, der von anderen gefürchtet wird und an den man sich aufgrund deiner Hartnäckigkeit erinnert.

ANWENDUNG

Übe ausgehend vom Punktestand 5-0 oder 4-0 in jedem Satz zu spielen und versuche, das Spiel zu beenden. Sobald du dein erstes Spiel gewonnen hast, wechsle deinen Trainingspartner. Du solltest sehr viele Sätze spielen, um diese Mentalität zu verinnerlichen.

35. "Bereite dich auf den Erfolg vor"

Erfolg kommt zu denen, die darauf vorbereitet sind. Genau wie im Leben sollte dies deine Mentalität auf dem Tennis-Feld sein. Eine Spielen ziehen sich einfach irgendwelche Kleider an, cremen sich mit Sonnenmilch ein, nehmen sich ein paar Bälle und einen Schläger und gehen auf das Feld. Hier schlagen sie ein paar Bälle und sagen „Fang an". Eine Menschen haben nur wenige Minuten um sich auf eine Trainingseinheit oder ein Spiel vorzubereiten und ihr Verhalten würde ziemlich verständlich erscheinen für die kurze Zeit, in ihnen zur Verfügung stand.

Jetzt lass uns aber einen anderen Weg zur Vorbereitung einschlagen. Erstell zunächst eine Liste deiner benötigten Ausrüstung und überprüfe alle Dinge, die du mit auf das Spielfeld nimmst. Wenn du hast, was du physisch brauchst, dann bereite dich mental auf den Wettbewerb vor. Wärm dich am Schluss noch auf. Das ist lediglich ein allgemeiner Entwurf für eine grundlegende Vorbereitung. Lass uns jetzt einen spezifischen aufstellen. All das sind grundlegende Dinge, die du auf dem Feld benötigen wirst, bevor du es betrittst.

Das sind nur einige. Du kannst noch mehr hinzufügen, wenn du möchtest. Einige dieser Dinge mögen dämlich erscheinen, aber du weißt nie, wie dämlich du dich fühlen wirst, wenn du diese Dinge nicht bei dir hast und sie verzweifelt brauchst. Hüte dich davor schlechte Momente zu haben, indem du die richtigen Materialien für deinen Job mitbringst. Sie nicht zu stolz jemanden um Hilfe zu fragen, selbst deinen Gegner. Wir alle waren schon in diesen schmerzvollen Situationen und wissen, wie es sich anfühlt. Die meisten von uns sich sicherlich untereinander helfen.

Jetzt wo du deine ganze Ausrüstung hast, lenk deine Gedanken auf die Aufgabe, die vor dir liegt. Einige Menschen mögen zu visualisieren, andere werden energiegeladen oder aufgedreht, indem sie mit sich selbst reden, und wieder andere hören Musik um zu entspannen. Manche mögen es Tennis im Fernsehen oder auf dem Platz zu schauen. Jeder hat eine andere Strategie um sich auf das Spiel vorzubereiten. Probiere diese und andere Ansätze aus um zu sehen, was dich mental am besten vorbereitet. Das ist ein wichtiger Schritt in der Vorbereitung auf ein Spiel. Nimm es nicht auf die leichte Schulter.

Wenn du Tennis für viele Jahre spielen willst, wärm dich vor jedem Training und jedem Spiel gut auf. Du kannst dir die Vorteile guter Aufwärmübungen überhaupt nicht vorstellen.

Beginn mit leichten Dehnübungen, diese machen deine Muskeln elastisch. Lauf anschließend einige Minuten. Du kannst auf der Stelle laufen oder um ein bestimmtes Gebiet, solange du deinen Körper aufwärmst. Spiel anschließend etwas Mini-Tennis und entferne dich immer mehr vom Netz bis du in den hinteren Teil des Spielfelds gelangst, wo du langsam deine Ballgeschwindigkeit erhöhen kannst.

36. "Bewahre ein Pokerface"

Die meisten Menschen würden bestätigen, dass die besten Poker-Spieler weltweit diejenigen sind, die den gleichen Gesichtsausdruck bewahren, egal ob sie schlechte oder gute Karten haben. Das erscheint einigen nur schwer vorstellbar, aber es trifft insbesondere im Tennis zu. Hast du bemerkt, wie die besten Spieler darum bemüht sind, ein ausdrucksloses Gesicht zu bewahren und keine Gefühlsregungen oder Verhaltensänderungen zu zeigen? Das kann frustrierend für Menschen sein, die ihre Gegner jammern oder ihren Schläger wegwerfen sehen wollen, wenn sie schlecht spielen oder wenn sie an einem entscheidenden Punkt verlieren. Spieler mit einem Pokerface sind harte Konkurrenten, weil sie auf dem Platz ihre wahren Gefühle nicht offenbaren. Selbst wenn sie verzweifelt gewinnen wollen, ziehen sie es vor, dieses Bedürfnis durch Konzentration und Ruhe zu zeigen. Denk nicht, dass sie keine Gefühle haben. Sie verstecken sich nur für diesen Moment. Versuch diesen Ansatz, um ein besserer Gegner zu werden. Vielleicht spielst du besser, wenn du deine Gefühle zeigst und das ist gut, aber für jeden, der etwas Neues ausprobieren möchte, ist dies ein guter Anfang. Es kann die Art und Weise verändern, wie du Tennis siehst und du beginnst Dinge zu sehen, die du vorher nie gesehen hast, aber immer präsent waren.

Große Dinge können passieren, wenn du dich auf die Aufgabe, die vor dir liegt, konzentrierst. Wenn du ruhig und gefühlslos bist, steigerst du deine Konzentration. Bewahre während des Spiels ein Pokerface um zu sehen, wer blufft und wer wirklich das Zeug hat zu gewinnen.

37. "Versteck deine Schwächen, nutz die der anderen"

Hast du jemals gemerkt, wie andere Spiele perfekt auf dem Platz auftreten? Warum hat nicht irgendjemand deren Spiel gestört? Vielleicht sind sie sehr gut darin, Dinge vor anderen zu verstecken. Dinge, von denen sie nicht wollen, dass du sie kennst, wie eine Schwäche? Wenn du ihre Schwäche nicht kennst, wo willst du sie dann angreifen? In einem Spiel ist derjenige Spieler im Nachteil, der nichts über seine/ihre Schwächen weiß.

Finde die Schwächen deines Gegners heraus, bevor das Spiel beginnt, und finde eine Möglichkeit, diese auszunutzen. Frage andere Spieler und Freunde, wenn sie diese Person kennen. Du kannst auch im Internet den Spielernamen suchen und herausfinden, welche nützliche Informationen dort für dich zu finden sind. Wenn niemand diese Person kennt, musst du selbst etwas während des Aufwärmens herausfinden. Schieß ihnen einige Bälle auf ihre Vorhand und anschließend auf ihre Rückhand. Danach steiger die Höhe und die Spins deiner Bälle. Du wirst eventuell etwas finden, das sie nicht so gut beherrschen.

Wenn du zum Beispiel eine schwache Rückhand hast, musst du lernen den Ball zu umlaufen und mit der Vorhand zu spielen. Wenn deine Schwäche zum Beispiel deine schlechte physische Fitness ist, dann vermeide lange Läufe von der Grundlinie aus. In diesem Fall ist es besser auf das Netz zuzulaufen oder die Bälle kurz zu halten. Auf diese Weise verbirgst du deine Schwäche und nutzt ihre aus.

ANWENDUNG

Lass deinen Trainingspartner deine Schwäche mit seiner/ihrer Strategie angreifen. Zuerst fühlt sich das unangenehm an, aber das wird dir helfen diese Situationen in einem Spiel zu überstehen. Hat dein/e Partner/in mit seiner/ihrer schwachen Seite geschlagen, dann tu du es mit deiner starken Seite (du tust einfach das Gegenteil). Das wird ein besseres Verständnis dafür vermitteln, wie eindrucksvoll deine Waffe tatsächlich ist und wie viel Verbesserung noch notwendig ist. Du lernst defensiv und offensiv zu spielen.

38. *"Wer den letzten Ball im Spiel behält, gewinnt"*

Es gibt viele Philosophien darüber, wie Tennis gespielt werden sollte. Die einfachste ist: „Wer den Ball im, Spiel behält, gewinnt". Wenn der Ball ins Netz geht oder im Bereich des Doppelfelds eingeht, verlierst du den Punkt. Und wenn du den Ball im Spiel behältst, gewinnst du. Das erscheint sehr elementar, aber die schwierigsten Dinge sind oftmals diejenigen, die am einfachsten scheinen.

ANWENDUNG

Um dieses Ziel zu erreichen, übe dich in Konsistenz. Schlag 10 Bälle konsistent über das Netz und bringe sie ins Spiel. Wenn du 10 erreicht hast, dann versuch es mit 20. Entscheide, was dein Ziel sein soll und bemühe dich es zu erreichen. Beispielsweise: mein Ziel für diesen Monat ist es mindestens 100 Bälle mit meinen Partner auszutauschen. Wenn du das erreicht hast, kannst du die Fläche, Höhe und den Spin, mit dem du schlägst, variieren. Das wird in Gesetz 24 noch näher erläutert.

39. "Sei ehrlich zu dir selbst"

In einem engen Spiel verspüren wir alle den Drang einen Ball für im Aus zu erklären, wenn er nahe der Line ist. Hast du von dem Leitsatz gehört „Im Zweifel, den Ball für im Aus erklären"? Das ist ethisch natürlich nicht korrekt. Lass den Druck des Augenblicks dich nicht zu einem ungerechten Spieler werden lassen. Wenn er nahe der Linie ist und du dir nicht sicher bist, dann wiederhole den Schlag. Es ist das richtige. Du sparst eine Menge Zeit und viele erhitzte Diskussionen. Sei ehrlich zu dir selbst. Erkläre die Lage des Balls, so wie du sie siehst. Du wirst dich um einiges besser fühlen und von anderen respektiert werden.

ANWENDUNG

Schau bei einem echten Trainingsspiel zu und versuch den Ball im Kopf und nicht laut als im Aus oder nicht zu erklären. Dies wird dich lehren knappe Schläge besser zu beurteilen, obwohl du nicht selbst spielst. Nach einer Weile wirst du instinktiv wissen, ob es ein guter oder ein schlechter Ball war.

40. "Der der zum ersten Mal schlägt, schlägt auch zum zweiten Mal"

Wann immer du an einem Punkt angreifst, wirst du das Spiel beherrschen und bessere Chancen haben um den Punkt zu gewinnen. Anders gesagt: Wenn du beginnst anzugreifen, wirst du fortfahren können offensiv zu sein (die meiste Zeit). Warte nicht darauf, dass Dinge passieren. Geh raus und gib dein Bestes, um derjenige zu sein, der die Oberhand behält. Lern proaktiv zu sein und nicht reaktiv. Eine proaktive Person handelt im Voraus um mit einer erwarteten Schwierigkeit umgehen zu können. Eine reaktive Person antwortet auf einen Stimulus. Beim Tennis ist es normal auf Dinge zu reagieren, die im Feld passieren. Wenn du lernst proaktiv zu sein werden sich deine Gewinnchancen um ein Vielfaches erhöhen. Behalte die Kontrolle über den Punkt. Schlage zuerst auf, so dass du womöglich auch zum zweiten Mal aufschlagen wirst.

41. "Sei ein guter Schauspieler um zu gewinnen"

Manche Personen denken, dass sie nicht das Selbstvertrauen oder den Mut haben ein Spiel in einer angespannten Situation zu gewinnen. Warum auf dem Tennisplatz nicht zum Schauspieler werden und zum selbstsicheren und mutigen Tennisspieler werden. Sei eine Mogelpackung und du wirst öfter gewinnen als du denkst. Wähle die Art und Weise, wie die Menschen dich sehen sollen sowohl auf als auch außerhalb des Spielfeldes. Dann handle so wie die Person, die du sein willst. Dir wird es zunächst unangenehm sein, aber du wirst dich mit zunehmender Übung daran gewöhnen. Einige Menschen begreifen nicht die Wichtigkeit des Images, welches du auf dem Platz pflegst.

Ein Beispiel hierfür könnte sein, wenn du gerade deinen sehr langen, ersten Satz gespielt hast und du sehr müde bist. Dein Gegner schaut ebenfalls müde aus, aber du entscheidest dich dazu, eine energiegeladene und positive Haltung zur Schau zu stellen. Lass sie denken, dass du das für noch zwei weitere Sätze machen kannst. Das kann sehr demoralisierend für jemanden sein. Sie werden einen Blick auf dich werfen und bemerken, dass sie keine Chance haben (obwohl ihr beide genauso erschöpft seid). Dein Gegner denkt, dass er/sie einen zweiten Satz mit jemandem, der nicht müde zu werden scheint, nicht durchhält und beschließt aufzugeben. Was hältst du nun davon? Das passiert nicht immer. Ein guter Schauspieler zu sein wird deine Chance zu gewinnen sicherlich erhöhen. Alle Schauspieler arbeiten sehr hart daran, ihr Image zu perfektionieren. Sie wissen, dass ihr Erfolg davon abhängt. Vielleicht wirst du für deine Darbietung keinen „Oscar" gewinnen, aber du wirst mehr Spiele gewinnen.

42. "Reiß die Wände ein"

Jeder Tennisspieler muss sein/ihr eigene Festung beschützen. Dessen Wände halten Feinde davon ab einzubrechen. Aber wenn diese Wände eingerissen werden, dann gibt es nur wenig Hoffnung für diese Festung. Die Wände einiger Tennisspieler sind ihre Aufschläge oder ihre Vorhand. Andere haben Kraft und Geduld als Wände. Wenn du die Wände eines Spielers niederreißt, steht dir ein Tor offen, um schwächere Schläge zu kontern. Lerne „Wände zum Einsturz zu bringen" und du wirst sehr viele Kämpfe gewinnen.

ANWENDUNG

Lass deinen Trainings-Partner der aggressive Spieler sein und du spielst defensiv. In anderen Worten: dein Trainings-Partner wird dich angreifen und versuchen zu gewinnen, während du nur versuchst, den Ball im Spiel zu halten und wartest, bis er/sie den Ball verfehlt. Wenn beide darauf eingespielt sind, verändere deine Taktik. Jetzt wirst du zum aggressiven Spieler und er/sie wird zum defensiven. Auf diese Weise lernst du, die Wände einzureißen und dich auf feindliches Gebiet vorzukämpfen. Denk dran, dass du bestrebt bist, ihre auf die eine oder andere Weise Waffen zu vernichten

43. "Lern von jedem Spiel"

Fehler dürfen gemacht werden, wenn du von ihnen lernst und es beim nächsten Mal besser machst. Gewöhn dich nicht daran vermeidbare Fehler zu machen und nie von ihnen zu lernen. Das wird dich in Tennis-Wettbewerben schwächen. Vermeidbare Fehler sollten am besten als ein Lernprozess angesehen werden, der Zeit und Einsatz braucht. Korrigier sie immer und verbessere dich während deines Trainings oder deiner Spiele und sie zu wie dein Spielniveau ins Bodenlose schießt. Jedes Spiel sagt uns etwas. Es ist ein aufrüttelndes Erlebnis. Wir müssen unsere Aufgaben öffnen und sehen, was wir sehen müssen. So viel Wissen kann durch Erfahrung angehäuft werden. Schreib ein Tagebuch über all deine Erfahrungen, so dass du dein Wissen ansammelst. Versuch es mit folgenden Muster eines „Nachbericht-Tagebuchs":

Nachberichts-Tagebuch

DATUM:

GEGNER:

TURNIER:

DEINE NOTE AUF EINER SKALA VON 1-10:

(10 BEDEUTET DEIN BESTES SPIEL)

WAS ICH RICHTIG GETAN HABE WÄHREND DES SPIELS

WAS ICH FALSCH GETAN HABE WÄHREND DES SPIELS

WAS ICH GELERNT HABE

WAS ICH MACHEN WERDEN UM DAS GELERNTE ANZUWENDEN

Oftmals lernen wir nicht von Fehlern, weil wir sie vergessen haben. Erinnere dich an all die kleinen Dinge, die du tun musst um deine Ziele zu verbessern und zu erreichen. Lies dir dein „Nachbericht-Tagebuch" mindestens einmal die Woche durch.

44. "Erwirb Wissen"

Tennisball + Schläger + Wissen = *Erfolg*

Sei nicht zu stolz um nach Hilfe zu fragen. Viele Tennislehrer werden froh sein dir zu helfen, wenn du sie fragst. Denk dran, dass manche in einem Gebiet besser spezialisiert sind als andere. Wisse, was du benötigst um dich zu verbessern oder zu lernen und lass dir von ihnen helfen. Du sparst dir sehr viel Zeit, wenn du von ihren Fehlern lernst, statt deine eigenen Fehler zu machen und von ihnen lernen zu müssen. Informationen zu allen möglichen Themenfeldern findest du in Tennisbüchern, Zeitschriften, Videos und im Internet.

Je mehr du weißt, desto kreativer kannst du beim Tennis sein. Du wirst sehr viel besser darin sein Entscheidungen zu treffen, wenn du mehr Informationen hast, um darüber zu entscheiden.

45. "Kenne deine Regeln"

Es ist überaus nützlich die Tennis-Regeln zu kennen. Einige Menschen realisieren nicht, wie viele Vorteile es mit sich bringt, über folgendes Wissen zu verfügen:

Felddimensionen

Regeln für das Einzel

Regeln für das Doppel

Regeln für das gemischte Doppel

Schläger

Bälle

Das Netz

Aufschlagbewegung

Training

Tennis-Regeln für Behinderte

WUSSTES DU SCHON?

Wusstest du, dass das Netz in der Mitte des Feldes tiefer hängt? Und wusstest du, dass du einen hochsicheren

Schuss ausübst, wenn du diagonal über den Platz spielst (Ein Ball, der mit einer höheren Wahrscheinlichkeit im Spiel bleibt statt auf der Linie aufzuschlagen), da die Distanz größer ist als die Distanz an der Linie? Wie du sehen kannst, die Tennis-Regeln können sehr hilfreich sein, wenn du weiser und effizienter spielen willst.

APNWENDUNG

Behalte ein Exemplar deines Regelwerk des Tennis Bundes und schau es durch, um zu sehen, wie viele neue Regeln du kennen lernst. Lies das Kapitel über die Zeitdauer, die dir bei einem Aufschlag, Partien, Sätzen oder Spielen zur Verfügung steht. Dann nutz dieses Wissen. Übe während Punkte oder Seitenwechsel zeitlich zu planen, so dass du an die knappe Zeit gewöhnt bist, die dir bei einem Wettbewerb bleibt. Trainiere ebenfalls Punkte zu landen un gönn dir anschließend nicht mehr als 30 Sekunden Pause. Arbeite an deiner körperlichen Verfassung. Das wird dir helfen, den Rhythmus zu bewahren, den du dir wünschst in einem Spiel aufrecht zu halten.

46. "Forme dein Schachbrett"

Tennis ist wie ein Schachbrett. Du musst die Steine an die richtigen Stellen rücken. Wenn du dich zur richtigen Zeit an der richtigen Stelle positionierst, wirst du den idealen Schlag abgeben. Dinge passieren nicht einfach, du musst etwas dafür tun. Sei bereit zu improvisieren.

ANWENDUNG

Erstens, arbeite daran die grundlegenden Schläge zu beherrschen. Wenn du das erledigt hast, vermische verschiedene Schläge und Schlagarten in unterschiedlichen Situationen. Das wird dir helfen einen Spielplan für jedes Spiel zu erstellen.

Übung #1

Führe verschiedene Topspin und Backspin (Slice) mit deiner Vorhand aus. Versuch denselben Spin nicht zweimal zu machen. Nur dein Trainingspartner darf bei derselben Spin-Technik bleiben. Wenn du diese Aufgabe erfolgreich mit deiner Vorhand erledigt hast, mach dasselbe mit deiner Rückhand. Du veränderst die Spins und dein Partner verbleibt bei dem alten Muster. Dann wechsle deinen Partner.

Übung #2

Ein Spieler schlägt den Ball cross und der andere longline (geradeaus). Das Muster, welches von einem Stroke vollzogen wird, hat die Form einer Acht (8). Wenn du mit der Übung fertig bist, ändere die Position mit der deines Partners.

47. "Finde das Muster"

Viele Spieler lernen in einer sehr oft vorhersagbaren Art und Weise Tennis zu spielen. Sie lernen den Ball immer und immer wieder auf eine bestimmte Stelle zu schießen. Sie werden außerdem dazu instruiert in bestimmten Momenten bestimmte Dinge zu tun wie beispielsweise bei einem Matchball oder einem Satzball. Wenn du weißt, was ihr Muster ist, kannst du vorhersagen, was sie tun werden. Wenn du lernst den Code einer Person zu knacken, werden sie dich nicht mehr überraschen können. Ihr Spiel wird angreifbar sein, sobald du weißt, wohin der Ball geht und was du tun kannst, um einen Vorteil aus der Situation zu ziehen.

Du brauchst kein Mathematiker zu sein um Muster zu erkennen. Schau dir einige Tennisspiele in deiner Nachbarschaft an oder im Fernsehen. Versuch bei jedem Ball, jeder Partei, jedem Satz oder sogar im ganzen Spiel verschiedene Spielmuster zu erkennen.

48. "Bauer setzt König schachmatt"

Beim Schach findest du dich oft in Situationen wieder, in denen du deine schwächsten Figuren benutzen musst, um zu gewinnen. Beim Tennis passiert das oft. Es ist sehr schwierig jeden Tag aufzustehen und das Beste zu geben. Ab und an wirst du ein Spiel spielen, wenn du nicht in Höchstform bist. Dann gilt es, den Sieger in dir zum Vorschein zu bringen. Zu gewinnen, wenn du ein schlechteres Tennis ablieferst als sonst, ist eine echte Herausforderung, aber das unterscheidet dich von anderen. Sei siegreich in guten und schlechten Zeiten.

ANWENDUNG

Spiel ein Spiel, in dem dein Trainingspartner mit seinen/ihren Waffen deine Schwächen angreift. Tu dies nicht für mehr als 45 Minuten und dann wechsle. Nachdem beide von euch mindestens zwei Sätze gespielt haben, spiel einige Übungsbälle, die du wohin du willst schießen kannst. Merke wie gut es sich anfühlt, wenn du schwere Bälle mit deiner schwächeren Hand spielst.

Spiel einen Wettbewerb mit jemand anderen als deinem Trainings-Partner. Vergleiche deine Leistung mit derjenigen vergangener Spiele, in denen deine Schwäche der Grund für deine Niederlage war. Du wirst sehen, dass du mehr Vertrauen in deine schwächere Seite hast als zuvor. Das wird dir helfen schwere Spiele zu gewinnen, selbst wenn du nicht in Höchstform bist. Es gibt andere Techniken, die in verschiedenen Situationen angewendet werden können, aber das ist ein guter Anfang.

49. "Erschaffe eine Grundlage"

Im Leben haben wir oftmals unterschiedliche Pläne um dasselbe Ziele zu erreichen. Wir haben Plan A und wenn Plan A nicht funktioniert, steigen wir um auf Plan B. Wenn Plan B versagt, nutzen wir Plan C. Das nennt man sich eine strategische Grundlage zu erschaffen. Beim Tennis musst du deine Spiel-Pläne innerhalb eines Spieles mehrmals ändern. Es ist daher schlau, eine Basis-Strategie oder eine Strategie zu besitzen, von der wir denken, dass sie die Beste ist, und die auf deinen Gegner angepasst ist. Erschaffe eine Grundlage und wenn du das getan hast, versuche über alternative Strategien nachzudenken, auf die du zurückgreifen kannst, wenn etwas schief geht.

Offensichtlich wirst du einen Plan A haben, welcher deine beste Spiel-Strategie ist oder diejenige, mit der du dich am sichersten fühlst. Nun musst du entscheiden, was dein Plan B sein soll. Wenn Plan A darauf basiert, Gewinner von der Grundlinie zu schlagen, dann könnte Plan B darin bestehen, zum Netz zu laufen. Auf diese Weise erhöhst du den Spielrhythmus. Plan C könnte dann beinhalten, den Ball im Spiel zu behalten und auf Fehler deines Gegners zu warten. Das wird deinen Spielrhythmus verlangsamen.

Wenn etwas für dich nicht funktioniert, wechsle von Plan A zu Plan B. Wenn Plan B ebenfalls keine **LÖSUNG** ist, versuch es mit Plan C. Habe mindestens 3 alternative Strategien parat, auf die du zurückgreifen kannst, aber erschaffe dir zuerst eine Grundlage. Deine Grundlage ist der Plan, mit dem du jedes Spiel beginnst. Es ist gewöhnlich derjenige, welcher dir in der Vergangenheit die besten Resultate lieferte und mit dem du dich am wohlsten fühlst.

50. "Lass die Quelle nicht austrocknen"

Die logischste Art zu gewinnen ist durch die Verwendung deiner Waffe/n. Aber wenn du eine Waffe zu oft verwendest, gewöhnt sich dein Gegner daran. Das ist gefährlich für dich. Es ist gut, wenn man Gegner im Ungewissen lässt. Benutz deine Waffe so oft wie möglich, aber verwende auch einige andere Schläge, um sie zu verbergen. Lass deine Gegner nicht immer wieder das gleiche Muster oder denselben Stroke sehen. Lass die Quelle nicht austrocknen. Werde unvorhersehbar.

ANWENDUNG

Eine gute Art um abwechslungsreiche Schläge einzutrainieren oder zu verbessern ist die, in deinem Training spezifisch zu sein. Spiel einige Bälle mit deinem Trainingspartner. Dabei ist euch beiden nicht gestattet, den gleichen Schlag zweimal auszuführen. Tu dies zuerst ohne Aufschlag. Beginne das Spiel einfach mit einem Unterhandwurf. Ein Beispiel für diese Übung könnte sein:

Führe einen Vorhandschlag aus:

mit Topspin

mit Slice

flach

tief ins Feld mit Topspin

kurz ins Feld mit Topspin

tief ins Feld mit Slice

kurz ins Feld mit Slice

Führe einen Rückhandschlag aus:

mit Topspin

mit Slice

flach

tief ins Feld mit Topspin

kurz ins Feld mit Topspin

tief ins Feld mit Slice

kurz ins Feld mit Slice

BEMERKUNG: Schläge können wiederholt werden, solange du sie mit anderen Schlägen abwechselst. Du kannst es so einfach halten wie du willst. Wenn du erfahren geworden bist, kannst du so viele schwierige Schläge hinzufügen wie du willst. Am besten ist es, wenn du mit zwei oder drei schwierigen Bällen beginnst und nah und nach mehr hinzufügst.

51. "Verstand über Schema"

Tennis beginnt als körperliches Spiel, driftet aber dann zu einem mentalen Spiel ab. Dinge, die unser physischer Körper nicht tun kann, kann unser Verstand viele Male tun. Die Kraft des Verstandes ist unvorstellbar. Gefühle und Gedanken werden extrem wichtig, wenn wir in einem Wettbewerb nervös werden oder uns unwohl fühlen. Unser Körper wird Dinge tun, über die wir uns nur wundern. „Warum habe ich meinen Arm nicht einfach etwas höher gehoben und den Ball über das Netz bekommen?". Was wir beachten müssen ist, dass unser Verstand unseren Körper kontrolliert und dieser nur das tut, was unser Verstand ihm sagt. Arbeite daran, deine Gefühle zu kontrollieren. Sie können in Zeiten der Not große Verbündete werden. Konzentration ist eine wichtige Voraussetzung in Wettbewerben. Es ist eine große Fähigkeit, die mit einiger Übung erlernt werden kann. Es ist eines der schwierigsten Dinge, die es zu beherrschen gilt, aber in der Tat sehr wertvoll.

52. "Verteil nur an Geburtstagen Geschenke"

Viele von uns wissen, wie wichtig es ist, in einem Spiel keine Punkte zu verlieren, besonders dann, wenn es ein sehr knappes Spiel ist. Wir verschenken oftmals Punkte, was uns auf lange Sicht verletzt. Verringere diese Geschenke oder vermeidbare Fehler während des Turniers. Verteil nur an Geburtstagen Geschenke.

ANWENDUNG

Eine exzellente Art und Weise die Anzahl der Geschenke zu verringern besteht darin deine Konsistenz zu verbessern. Das nächste Mal, wenn du nach der Aufwärmphase auf den Tennisplatz gehst, nimm nur einen Ball heraus und halte diesen Ball mit deinem Trainings-Partner so lange wie möglich im Spiel. Du gewöhnst dich von diesem Moment an daran, den Ball im Spiel zu halten. Wenn du das einübst, zähle die Ballwechsel, bis du den Ball verlierst. Wenn du diesen ersten Ball verfehlt hast, nachdem du ihn so lange im Spiel behalten hast, wähle eine bestimmte Seite, Stroke und Spin, die du ausführen willst und trainier deine Konsistenz bei dieser Übung. Zum Beispiel: Schlag mit deiner Vorhand Bälle diagonal über das Feld mit einem Topspin. Versuch den Ball so lange im

Spiel zu halten wie möglich ohne ihn zu verfehlen und schreibe anschließend die Anzahl der Ballwechsel auf. Tu dies für jede Seite, mit der du trainierst (Vorhand oder Rückhand) und vergleich die Werte mit deinem nächsten Training. Du solltest auf jeden Fall die folgende Übungen ausführen: cross Vorhand, cross Rückhand, longline Vorhand Rückhand sowie longline Rückhand Vorhand.

53. "Hab das Herz eines Löwen"

Tennis-Spiele und Turniere können auf vielfältige Weise gewonnen werden. Einige gewinnt man durch den Besitz einer außergewöhnlichen Fähigkeit. Andere gewinnt man, in dem man in besserer körperlicher Verfassung ist als die anderen. Das, was in diesem Kapitel vermittelt werden soll, ist vermutlich das Wichtigste und widmet sich endlich dem HERZEN. Es hat die Kraft unser Tennis-Spiel auf eine 10 zu heben. Du wirst gefürchtet sein unter deinen Gegnern. Am wichtigsten ist jedoch, dass es dich siegreich macht.

54. "Wähle deine Waffen"

Wenn du beginnst, dein Tennis-Niveau zu verbessern, wirst du kontrollierter. Diese Kontrolle ist der Anfang deiner Spezialisierung. Jeder hat etwas, was er besser kann als die anderen. Das ist es, was es dir erlaubt den Ball zu kontrollieren durch eine oder mehrere der folgenden Faktoren: Stärke, Platzierung, Spin und Konsistenz. Das ist deine „Waffe". Je mehr du deine Waffe stärkst, desto gefährlicher wirst du. Manche Spiele haben unvorhersehbare Aufschläge. Andere haben eine starke Vorhand oder Rückhand. Viele gewinnen aufgrund ihrer Schnelligkeit und Athletik. Finde heraus, was deine Waffe ist und wenn du es tust, steigere ihr Potential, indem du eine weitere Waffe kreierst. Auf diese Weise wirst du zwei Waffen haben und eine doppelte Bedrohung für andere sein.

55. *"Perfektion durch Imitation"*

Einige der größten Künstler aller Zeiten starteten ihre Karriere, indem sie ihre Lieblingsmaler imitierten und anschließend ihren eigenen Stil und Kunstform kreierten. Deinen eigenen Spielstil zu kreieren ist etwas sehr Schönes, aber es wird seine Zeit dauern. Tennis kann ebenfalls imitiert und anschließend perfektioniert werden. Schau nach einem spezifischen, Profi-Tennis-Spieler, der den Stil hat, den du dir wünschst. Dann lies etwas über ihn/ihr. Schau dir ihre Spiel im Fernsehen an. Versuch jedes kleine Detail nachzuahmen, bis du deren Spielstil beherrschst. Wenn du das tust, mach den Stil zu deinem eigenen, indem du ihn so lange anpasst, bis du dich wohl fühlst. Denk dran, werde nicht zur Kopie eines anderen Tennis-Spieler, schau dir lediglich das ab, was sie gut können und mach es besser.

56. "Das vierblättrige Kleeblatt"

Vierblättrige Kleeblätter, Glücksschweine, Hufeisen sind alles Glücksbringer, die dir viel Glück bringen. Ist Glück wichtig im Tennis? Ja. Warum? Nun, weil es Dinge gibt, die wir nicht kontrollieren können, egal was wir tun. Können wir Glück zu einem entscheidenden Faktor beim Spielergebnis werden lassen? Nein. Wir müssen unsere Chancen verbessern, indem wir die richtigen Dinge tun wie zum Beispiel: sich korrekt auf ein Spiel vorzubereiten, Gegner analysieren, adäquate Strategien nutzen, positiv sein und konzentriert bleiben. Das sind nur wenige, aber es ist ein Anfang. Glück kommt zu denen, die danach suchen. Warte nicht auf den richtigen Moment oder das richtige Spiel um dein wahres Potential auszuspielen. Mach es genau jetzt. Beginn mit dem ersten Ball damit und setze es fort bis zum Ende des Spiels. Du wirst wissen, welche Spiele oder Bälle das Ergebnis von Glück sind. Diese Punkte kommen nicht ohne ein wenig harte Arbeit.

ANWENDUNG:

Sorg für dein eigenes Glück und sieh dir die Resultate an. Die beste Art und Weise um für dein Glück zu sorgen ist durch Zielsetzung. Wähle Ziele aus, die du erreichen kannst. So kannst du deine Verbesserungen erkennen und entscheiden, ob Veränderungen in deiner Zielsetzung vorgenommen werden müssen. Wenn du erst weißt, was diese Ziele sind, dann entscheide, wie du sie erreichen kannst und schreibe sie auf. Stelle dann Tagesziele auf, die dir helfen werden deine Hauptziele zu verwirklichen.

Schreib deine täglichen Ziele auf eine Karteikarte und trage sie überall mit dir. Jedes Mal, wenn du etwas tun willst, frage dich: „Bringt mich das meinem Ziel näher?" Wenn nicht, dann hör auf es zu tun. Wenn doch, dann bist du auf dem richtigen Weg zum Erfolg.

Das ist ein einfaches Beispiel:

Dein Ziel könnte sein: „Ich verbessere meinen ersten Aufschlag um 20 Prozent."

Entscheide nun, was du brauchst um dieses Ziel wahr werden zu lassen:

Zieh einen Experten hinzu, der meinen Aufschlag bewertet.

Trainier wöchentlich „X" Mal Aufschläge.

Leg mehr Spin in die Bälle.

Verbesser meine Beschleunigung.

Steiger die Beinstärke.

Verwende Ziele in meiner Übung (Kegel, Bälle etc.)
Nun verwandle diese Ideen in Tages-Ziele und schreibe sie auf eine Karteikarte, so dass du sie mehrmals am Tag durchgehen kannst.

57. *"Humor für die Tapferen"*

Wenn du ein knappes Spiel spielst und die Dinge sich nicht so entwickeln, wie du sie gerne hättest, neigst du dazu launenhaft, negativ und nachlässig zu werden. Wie nutzen manche Spieler diese Momente um stärker zu werden? Die meisten leichtsinnigen Fehler, die du bei Bällen machst, ereignen sich aufgrund des Drucks, den du verspürst. Eine gute Art und Weise dich von dem Druck zu befreien ist durch Humor. Wann immer du einen dummen Fehler machst, lache darüber. Du kannst dir nicht vorstellen, wie entspannt du dich fühlen wirst und wie positiv sich das auf dein Spiel auswirken wird. Wenn du in guter Stimmung bist, neigen die Dinge dazu sich so zu entwickeln, wie du sie gern hättest. Ja, du willst immer noch gewinnen und fühlst immer noch den Druck, aber über diese Fehler zu lächeln oder lachen macht dich konkurrenzfähig. Wenn du eine Konkurrenz bist, wirst du kämpfen bis zum Ende und jeder kann es spüren. Geh nicht den leichten Weg, indem du schreist und deinen Schläger umher wirfst. Du wirst Tennis mehr genießen, wenn du über die schlechten Momente lachst und übergehst zu den guten.

58. "Geh dahin, wo die Party stattfindet"

Wenn du denkst, dass das Training mit deinen Tennis-Partner oder in einem bestimmten Trainingscenter nicht mehr gut genug ist, dann finde eine Alternative. Wenn du dein Spiel-Level nicht so verbesserst, wie du es möchtest oder wenn du einfach mal auf einer regulären Basis antreten willst, dann geh dahin, wo die Party ist. In anderen Worten: geh dahin, wo du trainieren kannst, wie du es willst oder geh dahin, wo du gegen jemanden antreten kannst, den du aussuchst. Wenn du immer die gleichen Dinge machst, wirst du auch immer die gleichen Ergebnisse erhalten. Es liegt an dir. Was willst du mit deinem Tennis machen? Geh dahin, wo du sein willst.

59. "Kleine Schritte für einen Riesen"

Wahre Sieger wissen, dass es Zeit braucht um groß zu werden. Es beginnt alles mit diesen wenigen Schritten und geht weiter mit kleinen Schritten, keine Sprünge. Alles, was du tust, wird mühelos erscheinen, wenn du dir Zeit lässt. Zuerst lernst du mit 10km/h zu fahren. Dann lernst du etwas schneller zu fahren, sagen wir 25 km/h. Kurz darauf fährst du 50 km/h. Am Ende, nach vielen kleinen Schritten, erreichst du die 100 km/h. Das Gleiche gilt für das Tennis. Sei nicht frustriert bei kleinen Verbesserungen, solange sie schrittweise erfolgen. Diese kleine Verbesserungen sind die Saat für deine zukünftige Entwicklung. Willst du eine Tennis Größe werden? Dann geh kleine Schritte Richtung Erfolg.

60. "Der zweite Aufschlag: möge er dir gut dienen"

Der zweite Aufschlag kann aus dir einen Tennis-Spieler machen oder dich vernichten. Ein guter zweiter Aufschlag beschert dir einige leichte Punkte oder zumindest eine gute Position um das Spiel zu beginnen. Ein schlechter zweiter Aufschlag bringt dir einen Doppelfehler und wird es deinem Gegner erlauben das Spiel von Anfang an zu dominieren. Erledige diese nützliche Übung um deinen zweiten Aufschlag zu verbessern.

KAPITEL 6: ZUSPIELE

Mit der Vorhand den Ball cross über das Seil schlagen

Bei dieser Übung wirst du den Ball mit deiner Vorhand cross über das Seil schlagen - entweder mit Topspin oder flache Bälle, die dir von jemandem auf der anderen Seite des Netzes zugespielt werden. Stell sicher, dass du an deiner Tiefe und der Kontrolle arbeitest.

Mit der Rückhand den Ball cross über das Seil schlagen

Bei dieser Übung wirst du den Ball mit deiner Rückhand cross über das Seil schlagen – entweder mit Topspin oder flache Bälle, die die von jemandem auf der anderen Seite des Netzes zugespielt werden. Stell sicher, dass du an deiner Tiefe und der Kontrolle arbeitest.

Mit der Vorhand den Ball longline über das Seil schlagen

Bei dieser Übung solltest du den Ball longline mit Topspin und der Vorhand über das Seil schlagen. Dabei sollte der Ball tief auf dem Platz landen. Stell sicher, dich auf deinen Durchschwung zu konzentrieren und deine Beine zu nutzen um einen guten Spin zu erzeugen. Das kann ein guter, offensiver Schlag sein, wenn dein Gegner eine schwache Rückhand oder Probleme mit mittelhohe Bällen oder sogar hohen Bällen hat. Flache Bälle sind erlaubt, aber diese Übung ist effektiver, wenn sie mit Topspins gemacht wird.

Mit der Rückhand den Ball longline über das Seil schlagen

Bei dieser Übung solltest du den Ball longline mit Topspin und der Rückhand über das Seil schlagen. Dabei sollte der Ball tief auf dem Platz landen. Stell sicher, dich auf deinen Durchschwung zu konzentrieren und deine Beine zu nutzen um einen guten Spin zu erzeugen. Das kann ein guter, offensiver Schlag sein, wenn dein Gegner deine Rückhand angreift und du den Ball mit einem sicheren Schlag während des Laufens treffen musst. Flache Bälle sind erlaubt, aber diese Übung ist effektiver, wenn sie mit Topspins gemacht wird.

Den Ball cross über das Seil schlagen und dabei Vorhand und Rückhand alternieren

Bei dieser Übung solltest du den Ball cross mit Topspin und der Vorhand über das Seil schlagen, gefolgt von einem mit der Rückhand, cross geschlagenen Ball. Mach damit während der restlichen Übung weiter. Arbeite daran, den Ball tief im Feld zu halten. Stell sicher, dich auf deinen Durchschwung zu konzentrieren und deine Beine zu nutzen um einen guten Spin zu erzeugen. Das kann eine guter, offensiver Schuss sein, wenn dein Gegner sich nicht gut bewegt. Flache Bälle sind erlaubt, aber diese Übung ist effektiver, wenn sie mit Topspins gemacht wird.

Den Ball longline über das Seil schlagen und dabei Vorhand und Rückhand alternieren

Bei dieser Übung solltest du den Ball longline mit Topspin und der Vorhand über das Seil schlagen, gefolgt von einem mit der Rückhand, longline geschlagenen Ball. Mach damit während der restlichen Übung weiter. Arbeite daran, den Ball tief im Feld zu halten. Stell sicher, dich auf deinen Durchschwung zu konzentrieren und deine Beine zu nutzen um einen guten Spin zu erzeugen. Das kann eine guter, offensiver Schuss sein, wenn dein Gegner sich nicht gut bewegt. Flache Bälle sind erlaubt, aber diese Übung ist effektiver, wenn sie mit Topspins gemacht wird.

Mit der Vorhand den Ball cross unter das Seil schlagen

Bei dieser Übung solltest du den Ball mit deiner Vorhand cross unter das Seil schlagen – entweder mit Topspin oder flach. Der Ball sollte tief auf dem Platz landen. Stell sicher, dich auf deinen Durchschwung zu konzentrieren und deine Beine zu nutzen, um einen guten Spin zu erzeugen. Das kann ein guter, offensiver Schlag sein, wenn dein Gegner eine schwächere Vorhand hat als du. Flache Bälle sind erlaubt, aber diese Übung ist effektiver, wenn sie mit Topspins gemacht wird.

Mit der Rückhand den Ball cross unter das Seil schlagen

Bei dieser Übung solltest du den Ball mit deiner Rückhand cross unter das Seil schlagen – entweder mit Topspin oder flach. Der Ball sollte tief auf dem Platz landen. Stell sicher, dich auf deinen Durchschwung zu konzentrieren und deine Beine zu nutzen, um einen guten Spin zu erzeugen. Das kann ein guter, offensiver Schlag sein, wenn dein Gegner eine schwächere Rückhand hat als du. Flache Bälle sind erlaubt, aber diese Übung ist effektiver, wenn sie mit Topspins gemacht wird.

Mit der Vorhand den Ball longline unter das Seil schlagen

Bei dieser Übung solltest du den Ball mit deiner Vorhand longline unter das Seil schlagen – entweder mit Topspin oder flach. Der Ball sollte tief auf dem Platz landen. Stell sicher, dich auf deinen Durchschwung zu konzentrieren und deine Beine zu nutzen, um einen guten Spin zu erzeugen. Das kann ein guter, offensiver Schlag sein, wenn dein Gegner eine schwache Rückhand hat. Flache Bälle sind erlaubt, aber diese Übung ist effektiver, wenn sie mit Topspins gemacht wird.

Mit der Rückhand den Ball longline unter das Seil schlagen

Bei dieser Übung solltest du den Ball mit deiner Rückhand longline unter das Seil schlagen – entweder mit Topspin oder flach. Der Ball sollte tief auf dem Platz landen. Stell sicher, dich auf deinen Durchschwung zu konzentrieren und deine Beine zu nutzen, um einen guten Spin zu erzeugen. Das kann ein guter, offensiver Schlag sein, wenn dein Gegner eine schwache Vorhand während des Laufens hat. Flache Bälle sind erlaubt, aber diese Übung ist effektiver, wenn sie mit Topspins gemacht wird.

Den Ball cross unter das Seil schlagen und dabei Vorhand und Rückhand alternieren

Bei dieser Übung solltest du den Ball cross mit Topspin und der Vorhand unter das Seil schlagen, gefolgt von einem mit der Rückhand, cross geschlagenen Ball. Mach damit während der restlichen Übung weiter. Arbeite daran, den Ball tief im Feld zu halten. Stell sicher, dich auf deinen Durchschwung zu konzentrieren und deine Beine zu nutzen, um einen guten Spin zu erzeugen. Das kann eine guter, offensiver Schuss sein, wenn dein Gegner sich nicht gut bewegt. Flache Bälle sind erlaubt, aber diese Übung ist effektiver, wenn sie mit Topspins gemacht wird.

Den Ball longline unter das Seil schlagen und dabei Vorhand und Rückhand alternieren

Bei dieser Übung solltest du den Ball longline mit Topspin und der Vorhand unter das Seil schlagen, gefolgt von einem mit der Rückhand, longline geschlagenen Ball. Mach damit während der restlichen Übung weiter. Arbeite daran, den Ball tief im Feld zu halten. Stell sicher, dich auf deinen Durchschwung zu konzentrieren und deine Beine zu nutzen, um einen guten Spin zu erzeugen. Flache Bälle sind erlaubt, aber diese Übung ist effektiver, wenn sie mit Topspins gemacht wird.

KAPITEL 7: ECHTE BALL-ÜBUNGEN ÜBER DAS SEIL

Schlag 20 Bälle cross mit Topspin, Vorhand zu Vorhand über das Seil (Konsistenz)

Bei dieser Übung solltest du den Ball mit deiner Vorhand cross über das Seil schlagen – entweder mit Topspin oder flach. Der Ball sollte tief auf dem Platz landen. Dein Partner oder Trainer sollte den Ball cross mit der Vorhand zurückschlagen. Dein Ziel ist es, mindestens 20 Bälle im Wechsel vor und zurück zu spielen. Wenn du einen verfehlst, musst du wieder bei null anfangen. Mach weiter, bis du auf diese Weise 20 Bälle im Wechsel spielst. Flache Bälle sind erlaubt, aber diese Übung ist effektiver, wenn sie mit Topspins gemacht wird.

Schlag 20 Bälle cross, mit Topspin Rückhand zu Rückhand über das Seil (Konsistenz)

Bei dieser Übung solltest du den Ball mit deiner Rückhand cross über das Seil schlagen – entweder mit Topspin oder flach. Der Ball sollte tief auf dem Platz landen. Dein Partner oder Trainer sollte den Ball cross mit der Rückhand zurückschlagen. Dein Ziel ist es, mindestens 20 Bälle im Wechsel vor und zurück zu spielen. Wenn du einen verfehlst, musst du wieder bei null anfangen. Mach weiter, bis du auf diese Weise 20 Bälle im Wechsel spielst. Flache Bälle sind erlaubt, aber diese Übung ist effektiver, wenn sie mit Topspins gemacht wird.

Schlag 20 Bälle longline mit Topspin, Vorhand zu Vorhand über das Seil (Konsistenz)

Bei dieser Übung solltest du den Ball mit deiner Vorhand longline über das Seil schlagen – entweder mit Topspin oder flach. Der Ball sollte tief auf dem Platz landen. Dein Partner oder Trainer sollte den Ball longline mit der Rückhand zurückschlagen. Dein Ziel ist es, mindestens 20 Bälle im Wechsel vor und zurück zu spielen. Wenn du einen verfehlst, musst du wieder bei null anfangen. Mach weiter, bis du auf diese Weise 20 Bälle im Wechsel spielst. Flache Bälle sind erlaubt, aber diese Übung ist effektiver, wenn sie mit Topspins gemacht wird.

Schlag 20 Bälle longline mit Topspin, Rückhand zu Vorhand über das Seil (Konsistenz)

Bei dieser Übung solltest du den Ball mit deiner Rückhand longline über das Seil schlagen – entweder mit Topspin oder flach. Der Ball sollte tief auf dem Platz landen. Dein Partner oder Trainer sollte den Ball longline mit der Vorhand zurückschlagen. Dein Ziel ist es, mindestens 20 Bälle im Wechsel vor und zurück zu spielen. Wenn du einen verfehlst, musst du wieder bei null anfangen. Mach weiter, bis du auf diese Weise 20 Bälle im Wechsel spielst. Flache Bälle sind erlaubt, aber diese Übung ist effektiver, wenn sie mit Topspins gemacht wird.

Schlag 20 Bälle, bei denen eine Person nur cross und der andere nur longline über das Seil spielt (eine Acht, Konsistenz)

Bei dieser Übung solltest du den Ball mit deiner Vorhand longline über das Seil schlagen – entweder mit Topspin oder flach. Der Ball sollte tief auf dem Platz landen. Dein Partner oder Trainer sollte den Ball longline mit der Rückhand zurückschlagen. Nun schlägst du den Ball cross zu deren Rückhand, während diese dir einen Longliner mit der Rückhand auf deine Vorhand zuspielen. Setz diese Sequenz fort. Dein Ziel ist es, mindestens 20 Bälle im Wechsel vor und zurück zu spielen. Wenn du einen verfehlst, musst du wieder bei Null anfangen. Mach weiter, bis du auf diese Weise 20 Bälle im Wechsel spielst. Flache Bälle sind erlaubt, aber diese Übung ist effektiver, wenn sie mit Topspins gemacht wird.

Schlag 20 Bälle, bei denen eine Person nur longline und der andere nur cross über das Seil spielt (eine Acht, Konsistenz)

Bei dieser Übung solltest du den Ball mit deiner Vorhand longline über das Seil schlagen – entweder mit Topspin oder flach. Der Ball sollte tief auf dem Platz landen. Dein Partner oder Trainer sollte den Ball cross mit der Rückhand zurückschlagen. Nun schlägst du den Ball longline zu deren Rückhand, während diese dir den Ball cross auf deine Vorhand zuspielen. Setz diese Sequenz fort. Dein Ziel ist es, mindestens 20 Bälle im Wechsel vor und zurück zu spielen. Jeder Balltreffer gibt einen Punkt.

Wenn du einen verfehlst, musst du wieder bei null anfangen. Mach weiter, bis du auf diese Weise 20 Bälle im Wechsel spielst. Flache Bälle sind erlaubt, aber diese Übung ist effektiver, wenn sie mit Topspins gemacht werden.

ÜBUNGEN UNTER DEM SEIL

Schlag 20 Bälle cross, Vorhand zu Vorhand unter das Seil

Bei dieser Übung solltest du den Ball mit deiner Vorhand cross unter das Seil schlagen – entweder mit Topspin oder flach. Der Ball sollte tief auf dem Platz landen. Dein Partner oder Trainer sollte den Ball cross mit der Vorhand zurückschlagen. Dein Ziel ist es, mindestens 20 Bälle im Wechsel vor und zurück zu spielen. Wenn du einen verfehlst, musst du wieder bei null anfangen. Mach weiter, bis du auf diese Weise 20 Bälle im Wechsel spielst. Flache Bälle sind erlaubt, aber diese Übung ist effektiver, wenn sie mit Topspins gemacht werden.

Schlag 20 Bälle cross, Rückhand zu Rückhand unter das Seil

Bei dieser Übung solltest du den Ball mit deiner Rückhand cross unter das Seil schlagen – entweder mit Topspin oder flach. Der Ball sollte tief auf dem Platz landen. Dein Partner oder Trainer sollte den Ball cross mit der Rückhand zurückschlagen. Dein Ziel ist es, mindestens 20 Bälle im Wechsel vor und zurück zu spielen. Wenn du einen verfehlst, musst du wieder bei null anfangen. Mach weiter, bis du auf diese Weise 20 Bälle im Wechsel spielst. Flache Bälle sind erlaubt, aber diese Übung ist effektiver, wenn sie mit Topspins gemacht werden.

Schlag 20 Bälle longline, Vorhand zu Rückhand unter das Seil

Bei dieser Übung solltest du den Ball mit deiner Vorhand longline unter das Seil schlagen – entweder mit Topspin oder flach. Der Ball sollte tief auf dem Platz landen. Dein Partner oder Trainer sollte den Ball longline mit der Rückhand zurückschlagen. Dein Ziel ist es, mindestens 20 Bälle im Wechsel vor und zurück zu spielen. Wenn du einen verfehlst, musst du wieder bei null anfangen. Mach weiter, bis du auf diese Weise 20 Bälle im Wechsel spielst. Flache Bälle sind erlaubt, aber diese Übung ist effektiver, wenn sie mit Topspins gemacht werden.

Schlag 20 Bälle longline, Rückhand zu Vorhand unter das Seil

Bei dieser Übung solltest du den Ball mit deiner Rückhand longline unter das Seil schlagen – entweder mit Topspin oder flach. Der Ball sollte tief auf dem Platz landen. Dein Partner oder Trainer sollte den Ball longline mit der Vorhand zurückschlagen. Dein Ziel ist es, mindestens 20 Bälle im Wechsel vor und zurück zu spielen. Wenn du einen verfehlst, musst du wieder bei null anfangen. Mach weiter, bis du auf diese Weise 20 Bälle im Wechsel spielst. Flache Bälle sind erlaubt, aber diese Übung ist effektiver, wenn sie mit Topspins gemacht werden.

Schlag 20 Bälle cross mit einem Slice und der Rückhand unter das Seil

Bei dieser Übung solltest du den Ball mit einem Slice und deiner Rückhand cross unter das Seil schlagen. Dein Partner oder Trainer sollte den Ball cross mit einem Slice und der Rückhand zurückschlagen. Dein Ziel ist es, mindestens 20 Bälle im Wechsel vor und zurück zu spielen. Wenn du einen verfehlst, musst du wieder bei null anfangen. Mach weiter, bis du auf diese Weise 20 Bälle im Wechsel spielst.

Schlag 20 Bälle, bei denen eine Person nur cross und der andere nur longline unter das Seil spielt um eine Acht zu erzeugen

Bei dieser Übung solltest du den Ball mit einem Topspin oder flach sowie deiner Vorhand cross unter das Seil schlagen. Dein Partner oder Trainer sollte den Ball longline mit der Rückhand zurückschlagen. Nun schlägst du den Ball cross zu deren Rückhand, während diese dir den Ball longline mit der Rückhand auf deine Vorhand zuspielen. Setz diese Sequenz fort. Dein Ziel ist es, mindestens 20 Bälle im Wechsel vor und zurück zu spielen. Flache Bälle sind erlaubt, aber diese Übung ist effektiver, wenn sie mit Topspins gemacht werden.

Schlag 20 Bälle, bei denen eine Person nur longline und der andere nur cross unter das Seil spielt um eine Acht zu erzeugen

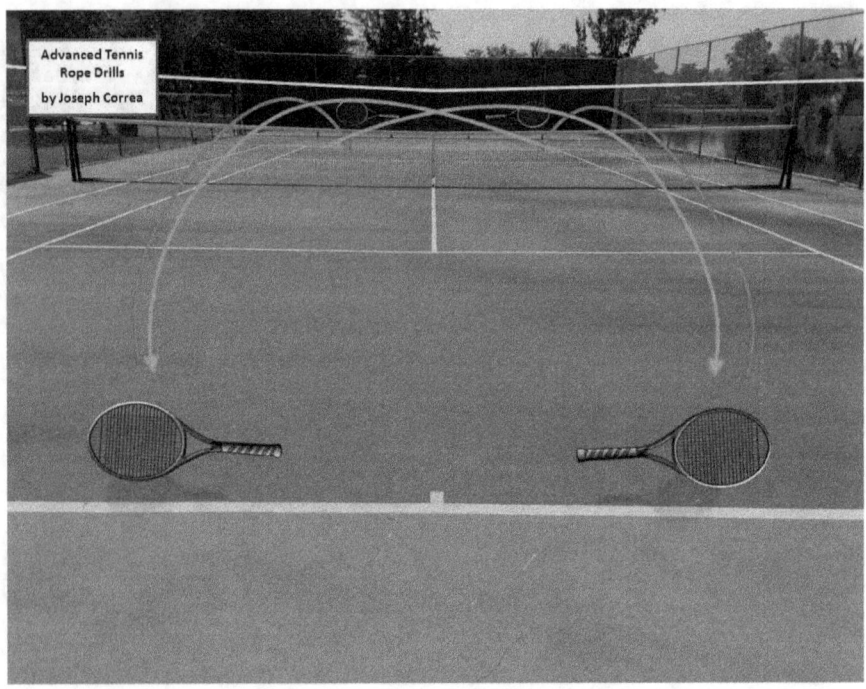

Bei dieser Übung solltest du den Ball mit einem Topspin oder flach sowie deiner Vorhand longline unter das Seil schlagen. Der Ball sollte tief auf dem Platz landen. Dein Partner oder Trainer sollte den Ball cross mit der Rückhand zurückschlagen. Nun schlägst du den Ball longline zu deren Rückhand, während diese dir den Ball cross auf deine Vorhand zuspielen. Setz diese Sequenz fort. Dein Ziel ist es, mindestens 20 Bälle im Wechsel vor und zurück zu spielen. Jeder Balltreffer gibt einen Punkt.

Wenn du einen verfehlst, musst du wieder bei null anfangen. Mach weiter, bis du auf diese Weise 20 Bälle im Wechsel spielst. Flache Bälle sind erlaubt, aber diese Übung ist effektiver, wenn sie mit Topspins gemacht werden.

ÜBUNGEN ÜBER UND UNTER DAS SEIL

Eine Person spielt den Ball mit der Vorhand und einem Topspin über das Seil, während die andere ihn cross mit der Vorhand unter das Seil schlägt

Bei dieser Übung solltest du den Ball mit einem Topspin oder flach sowie deiner Vorhand cross über das Seil schlagen. Der Ball sollte tief auf dem Platz landen. Dein Partner oder Trainer sollte den Ball cross mit der Vorhand unter das Seil zurückschlagen. Dein Ziel ist es, mindestens 20 Bälle im Wechsel vor und zurück zu spielen. Wenn du einen verfehlst, musst du wieder bei null anfangen. Mach weiter, bis du auf diese Weise 20 Bälle im Wechsel spielst.

Flache Bälle sind erlaubt, aber diese Übung ist effektiver, wenn sie mit Topspins gemacht werden.

Eine Person spielt den Ball mit der Rückhand und einem Topspin über das Seil, während die andere ihn cross mit der Rückhand unter das Seil schlägt

Bei dieser Übung solltest du den Ball mit einem Topspin oder flach sowie deiner Rückhand cross über das Seil schlagen. Der Ball sollte tief auf dem Platz landen. Dein Partner oder Trainer sollte den Ball cross mit der Rückhand unter das Seil zurückschlagen. Dein Ziel ist es, mindestens 20 Bälle im Wechsel vor und zurück zu spielen. Wenn du einen verfehlst, musst du wieder bei null anfangen. Mach weiter, bis du auf diese Weise 20 Bälle im Wechsel spielst. Flache Bälle sind erlaubt, aber

diese Übung ist effektiver, wenn sie mit Topspins gemacht werden.

Eine Person spielt den Ball mit der Vorhand und einem Topspin über das Seil, während die andere ihn longline mit der Rückhand unter das Seil schlägt

Bei dieser Übung solltest du den Ball mit einem Topspin oder flach sowie deiner Vorhand longline über das Seil schlagen. Der Ball sollte tief auf dem Platz landen. Dein Partner oder Trainer sollte den Ball longline mit der Rückhand unter das Seil zurückschlagen. Dein Ziel ist es, mindestens 20 Bälle im Wechsel vor und zurück zu spielen. Wenn du einen verfehlst, musst du wieder bei null anfangen. Mach weiter, bis du auf diese Weise 20 Bälle im Wechsel spielst. Flache Bälle sind erlaubt, aber

diese Übung ist effektiver, wenn sie mit Topspins gemacht werden.

Eine Person spielt den Ball mit der Rückhand und einem Topspin über das Seil, während die andere ihn longline mit der Vorhand unter das Seil schlägt

Bei dieser Übung solltest du den Ball mit einem Topspin oder flach sowie deiner Rückhand longline über das Seil schlagen. Der Ball sollte tief auf dem Platz landen. Dein Partner oder Trainer sollte den Ball longline mit der Vorhand unter das Seil zurückschlagen. Dein Ziel ist es, mindestens 20 Bälle im Wechsel vor und zurück zu spielen. Wenn du einen verfehlst, musst du wieder bei null anfangen. Mach weiter, bis du auf diese Weise 20 Bälle im Wechsel spielst. Flache Bälle sind erlaubt, aber

diese Übung ist effektiver, wenn sie mit Topspins gemacht werden.

Eine Person spielt den Ball mit der Rückhand und einem Topspin über das Seil, während die andere ihn cross mit der Rückhand und einem Slice unter das Seil schlägt

Bei dieser Übung solltest du den Ball mit einem Topspin oder flach sowie deiner Rückhand cross über das Seil schlagen. Der Ball sollte tief auf dem Platz landen. Dein Partner oder Trainer sollte den Ball cross einem Slice unter das Seil zurückschlagen. Dein Ziel ist es, mindestens 20 Bälle im Wechsel vor und zurück zu spielen. Wenn du einen verfehlst, musst du wieder bei null anfangen. Mach weiter, bis du auf diese Weise 20 Bälle im Wechsel spielst. Flache Bälle sind erlaubt, aber diese Übung ist effektiver, wenn sie mit Topspins gemacht werden.

Eine Person spielt den Ball mit der Vorhand und einem Topspin über das Seil, während die andere ihn cross mit der Vorhand inside-out unter das Seil schlägt

Bei dieser Übung solltest du den Ball von der hinteren Ecke aus mit einem Topspin oder flach sowie deiner Vorhand longline über das Seil schlagen. Der Ball sollte tief auf dem Platz landen. Dein Partner oder Trainer sollte den Ball longline mit der Vorhand unter das Seil zurückschlagen. Dein Ziel ist es, mindestens 20 Bälle im Wechsel vor und zurück zu spielen. Wenn du einen verfehlst, musst du wieder bei null anfangen. Mach weiter, bis du auf diese Weise 20 Bälle im Wechsel spielst.

Flache Bälle sind erlaubt, aber diese Übung ist effektiver, wenn sie mit Topspins gemacht werden.

KAPITEL 8: BALL-ÜBUNGEN

10 Bälle über das Seil und ohne Aufschlag

Spiel bis zu 10 Bälle ausschließlich über das Seil. Wer als Erstes 10 Punkte erreicht, gewinnt.

10 Bälle unter das Seil und ohne Aufschlag

Spiel bis zu 10 Bälle ausschließlich unter das Seil. Wer als Erstes 10 Punkte erreicht, gewinnt.

10 Bälle nur ohne Aufschlag und, dass eine Person nur über das Seil und die andere nur unter das Seil schlagen

Spiel bis zu 10 Bälle ausschließlich unter das Seil, von denen die eine Person sie nur über das Seil und die andere sie nur unter das Seil schlagen darf. Wer als Erstes 10 Punkte erreicht, gewinnt.

10 Bälle (mit Aufschlag) über das Seil (der Aufschlag geht zu jeden Zeit unter das Seil, außer du führst einen Topspin oder einen Kick-Aufschlag)

Spiel bis zu 10 Bälle ausschließlich über das Seil und beginn mit einem Aufschlag, der immer unter das Seil gehen sollte. Wer als Erstes 10 Punkte erreicht, gewinnt.

10 Bälle (mit Aufschlag) unter das Seil (der Aufschlag geht zu jeden Zeit unter das Seil, außer du führst einen Topspin oder einen Kick-Aufschlag)

Spiel bis zu 10 Bälle ausschließlich unter das Seil und beginn mit einem Aufschlag, der immer unter das Seil gehen sollte. Wer als Erstes 10 Punkte erreicht, gewinnt.

KAPITEL 9: NORMALE BALL-ÜBUNGEN OHNE SEIL

37. 10 Bälle ohne Aufschlag und cross mit der Vorhand

Spiel den Ball mit der Unterhand zu der Vorhand deines Gegners und spiele ihn dann cross, nur damit ihr beide den Ball ausschließlich cross schlägt, bis einer von euch durch einen Winner gewinnt oder einer von euch den Ball verfehlt und das Netz trifft oder ins Aus schlägt. Denk dran: wenn einer oder beide von euch Linkshänder ist/sind, dann mache die nötigen Anpassungen bei dieser Übung. Die Person, die als Erste 10 Punkte erreicht, gewinnt. Es gibt keine „Unterschied von 2 Punkten"-Regel in diesen Übungen.

38. 10 Bälle ohne Aufschlag und cross mit der Rückhand

Spiel den Ball mit der Unterhand zu der Rückhand deines Gegners und spiele ihn dann cross, nur damit ihr beide den Ball ausschließlich cross schlägt, bis einer von euch durch einen Winner gewinnt oder einer von euch den Ball verfehlt und das Netz trifft oder ins Aus schlägt. Denk dran: wenn einer oder beide von euch Linkshänder ist/sind, dann mache die nötigen Anpassungen bei dieser Übung. Die Person, die als Erste 10 Punkte erreicht, gewinnt. Es gibt keine „Unterschied von 2 Punkten"-Regel in diesen Übungen.

39. 10 Bälle ohne Aufschlag und longline, Rückhand zu Vorhand

Spiel den Ball mit der Unterhand zu der Vorhand deines Gegners und spiele ihn dann longline, nur damit ihr beide den Ball ausschließlich longline schlägt, bis einer von euch durch einen Winner gewinnt oder einer von euch den Ball verfehlt und das Netz trifft oder ins Aus schlägt. Denk dran: wenn einer oder beide von euch Linkshänder ist/sind, dann mache die nötigen Anpassungen bei dieser Übung. Die Person, die als Erste 10 Punkte erreicht, gewinnt. Es gibt keine „Unterschied von 2 Punkten"-Regel in diesen Übungen.

40. 10 Bälle ohne Aufschlag und longline, Vorhand zu Rückhand

Spiel den Ball mit der Unterhand zu der Rückhand deines Gegners und spiele ihn dann longline, nur damit ihr beide den Ball ausschließlich longline schlägt, bis einer von euch durch einen Winner gewinnt oder einer von euch den Ball verfehlt und das Netz trifft oder ins Aus schlägt. Denk dran: wenn einer oder beide von euch Linkshänder ist/sind, dann mache die nötigen Anpassungen bei dieser Übung. Die Person, die als Erste 10 Punkte erreicht, gewinnt. Es gibt keine „Unterschied von 2 Punkten"-Regel in diesen Übungen.

41. 10 Bälle mit Aufschlag und cross mit der Vorhand

Schlag den Ball in Richtung der Vorhand deines Gegners auf und spiele ihn dann cross, nur damit ihr beide den Ball ausschließlich cross schlägt, bis einer von euch durch einen Winner gewinnt oder einer von euch den Ball verfehlt und das Netz trifft oder ins Aus schlägt. Denk dran: wenn einer oder beide von euch Linkshänder ist/sind, dann mache die nötigen Anpassungen bei dieser Übung. Die Person, die als Erste 10 Punkte erreicht, gewinnt. Es gibt keine „Unterschied von 2 Punkten"-Regel in diesen Übungen.

42. 10 Bälle mit Aufschlag und cross mit der Rückhand

Schlag den Ball in Richtung der Rückhand deines Gegners auf und spiele ihn dann cross, nur damit ihr beide den Ball ausschließlich cross schlägt, bis einer von euch durch einen Winner gewinnt oder einer von euch den Ball verfehlt und das Netz trifft oder ins Aus schlägt. Denk dran: wenn einer oder beide von euch Linkshänder ist/sind, dann mache die nötigen Anpassungen bei dieser Übung. Die Person, die als Erste 10 Punkte erreicht, gewinnt. Es gibt keine „Unterschied von 2 Punkten"-Regel in diesen Übungen.

43. 10 Bälle mit Aufschlag und longline, Rückhand zu Vorhand

Schlag den Ball in Richtung der Vorhand deines Gegners auf und spiele ihn dann longline, nur damit ihr beide den Ball ausschließlich longline schlägt, bis einer von euch durch einen Winner gewinnt oder einer von euch den Ball verfehlt und das Netz trifft oder ins Aus schlägt. Denk dran: wenn einer oder beide von euch Linkshänder ist/sind, dann mache die nötigen Anpassungen bei dieser Übung. Die Person, die als Erste 10 Punkte erreicht, gewinnt. Es gibt keine „Unterschied von 2 Punkten"-Regel in diesen Übungen.

44. 10 Bälle mit Aufschlag und longline, Vorhand zu Rückhand

Schlag den Ball in Richtung der Rückhand deines Gegners auf und spiele ihn dann longline, nur damit ihr beide den Ball ausschließlich longline schlägt, bis einer von euch durch einen Winner gewinnt oder einer von euch den Ball verfehlt und das Netz trifft oder ins Aus schlägt. Denk dran: wenn einer oder beide von euch Linkshänder ist/sind, dann mache die nötigen Anpassungen bei dieser Übung. Die Person, die als Erste 10 Punkte erreicht, gewinnt. Es gibt keine „Unterschied von 2 Punkten"-Regel in diesen Übungen.

45. 10 Bälle ohne Aufschlag und, dass eine Person nur cross und die andere nur longline schlägt

Spiel den Ball mit der Unterhand zu der Vorhand deines Gegners und spiele ihn dann cross, nur damit ihr beide den Ball ausschließlich cross schlägt, bis einer von euch durch einen Winner gewinnt oder einer von euch den Ball verfehlt und das Netz trifft oder ins Aus schlägt. Denk dran: wenn einer oder beide von euch Linkshänder ist/sind, dann mache die nötigen Anpassungen bei dieser Übung. Die Person, die als Erste 10 Punkte erreicht, gewinnt. Es gibt keine „Unterschied von 2 Punkten"-Regel in diesen Übungen.

46. 10 Bälle ohne Aufschlag und, dass eine Person nur longline und die andere nur cross schlägt

Spiel den Ball mit der Unterhand zu der Vorhand deines Gegners und spiele ihn dann cross, nur damit ihr beide den Ball ausschließlich cross schlägt, bis einer von euch durch einen Winner gewinnt oder einer von euch den Ball verfehlt und das Netz trifft oder ins Aus schlägt. Denk dran: wenn einer oder beide von euch Linkshänder ist/sind, dann mache die nötigen Anpassungen bei dieser Übung. Die Person, die als Erste 10 Punkte erreicht, gewinnt. Es gibt keine „Unterschied von 2 Punkten"-Regel in diesen Übungen.

47. 10 Bälle mit Aufschlag und, dass eine Person nur cross und die andere nur longline schlägt

Schlag den Ball in Richtung deines Gegners auf und spiele ihn dann cross, während dein Partner ihn nur longline schlägt um eine Acht zu erzeugen. Behalte den Ball im Spiel, bis einer von euch durch einen Winner gewinnt oder einer von euch den Ball verfehlt und das Netz trifft oder ins Aus schlägt. Denk dran: wenn einer oder beide von euch Linkshänder ist/sind, dann mache die nötigen Anpassungen bei dieser Übung. Die Person, die als Erste 10 Punkte erreicht, gewinnt. Es gibt keine „Unterschied von 2 Punkten"-Regel in diesen Übungen.

48. 10 Bälle mit Aufschlag und, dass eine Person nur longline und die andere nur cross schlägt

Schlag den Ball in Richtung deines Gegners auf und spiele ihn dann longline, während dein Partner ihn nur cross schlägt um eine Acht zu erzeugen. Behalte den Ball im Spiel, bis einer von euch durch einen Winner gewinnt oder einer von euch den Ball verfehlt und das Netz trifft oder ins Aus schlägt. Denk dran: wenn einer oder beide von euch Linkshänder ist/sind, dann mache die nötigen Anpassungen bei dieser Übung. Die Person, die als Erste 10 Punkte erreicht, gewinnt. Es gibt keine „Unterschied von 2 Punkten"-Regel in diesen Übungen.

49. 10 Bälle ohne Aufschlag. Führe normale Bälle aus ohne Muster.

Spiel den Ball mit der Unterhand deinem Gegner zu und spiel dann das Spiel normal weiter ohne irgendwelche Muster. Behalte den Ball im Spiel, bis einer von euch durch einen Winner gewinnt oder einer von euch den Ball verfehlt und das Netz trifft oder ins Aus schlägt. Denk dran: wenn einer oder beide von euch Linkshänder ist/sind, dann mache die nötigen Anpassungen bei dieser Übung. Die Person, die als Erste 10 Punkte erreicht, gewinnt. Es gibt keine „Unterschied von 2 Punkten"-Regel in diesen Übungen.

50. 10 Bälle mit Aufschlag. Führe normale Bälle ohne Muster aus.

Schlag den Ball in Richtung deines Gegners auf und spiel dann den Ball ohne irgendwelche Muster. Behalte den Ball im Spiel, bis einer von euch durch einen Winner gewinnt oder einer von euch den Ball verfehlt und das Netz trifft oder ins Aus schlägt. Denk dran: wenn einer oder beide von euch Linkshänder ist/sind, dann mache die nötigen Anpassungen bei dieser Übung. Die Person, die als Erste 10 Punkte erreicht, gewinnt. Es gibt keine „Unterschied von 2 Punkten"-Regel in diesen Übungen.

51. Spiel einen kompletten Satz mit Aufschlag, in dem du nur cross und dein Partner nur longline spielt.

52. Spiel einen kompletten Satz mit Aufschlag, in dem du nur longline und dein Partner nur cross spielt.

53. Spiel einen kompletten Satz, in dem du ein Muster deiner Wahl verwendest.

54. Spiel ein komplettes Spiel, in dem du ein Muster deiner Wahl verwendest.

ANDERE TITEL VON JOSEPH CORREA

Tennis Serve Harder Training Program

This DVD will teach you how to serve 10-20 mph faster in a 3 month day by day program. The best serve training program in the market. Video includes a 3 month chart training program and a step by step manual. The DVD shows you how to do the exercises properly and the process you should follow in order to be successful with the program.

Joseph Correa is a professional tennis player and coach that has competed and taught all over the world in ITF and ATP tournaments for many years. Besides being a professional tennis player he has a USPTR professional coaching certification and ITF kids coaching certification.

The 33 Laws of Tennis

The 33 Laws of Tennis is book full of valuable tennis concepts to help you become a better and more prepared tennis player. It was written by a professional tennis player and coach in the USA. It's a very useful book that will come in handy when you least expect it and will remind you of many little but important things before competing.

Tennis Footwork and Cardio by Joseph Correa

Joseph Correa is a professional tennis player and coach that has competed and taught all over the world in ITF and ATP tournaments for many years. Besides being a professional tennis player he has a USPTR professional coaching certification and ITF kids coaching certification.

Get in better shape and improve your mobility on and off the tennis court. Your foot work will improve drastically as well as strengthen your core and upper body. This is definitely worthwhile for a serious tennis player no matter what your level. You become faster, stronger, and more agile and on the court as well as seeing an increase in acceleration in your groundstrokes and serve. Created by a professional tennis player for others to advance in their game and win more matches.

Yoga Tennis by Joseph Correa

Yoga Tennis by Joseph Correa is a great way to improve your flexibility and agility on the court. Reach more balls and have fewer injuries. It's a great way to win more by working on a different part of your game. The DVD lasts about 30 minutes. Used by amateur and professional tennis players to improve their game and last longer in matches. This is the best way for a tennis player to become more flexible and get rid of common back, knee, shoulder, hamstring, calf, and quadriceps injuries. You'll be glad to get started! This is an improved version of our MBS Yoga Tennis 2012.

Tennis Abs by Joseph Correa

Tennis Abs is a great way to strengthen your core for more powerful serves, forehands and backhands as well as stronger volleys. Abdominals are fundamental for a better game. This DVD works on many types of crunches, sit-ups, and lateral abs and back exercises that you won't find in other abdominal videos. Feel confident when changing your shirt during your match and hit the ball harder!

www.ingramcontent.com/pod-product-compliance
Lightning Source LLC
Chambersburg PA
CBHW070140080526
44586CB00015B/1777